NATIONAL
GEOGRAPHIC

NATIONAL GEOGRAPHIC

美国国家地理全球史

罗马帝国

黄金时代

Rome Rules the World

美国国家地理学会 编著　　郭彦娜 译

中国出版集团　现代出版社

目 录

插图（第2页） 康茂德（Commode）扮成赫拉克勒斯的大理石半身像（公元2世纪），现藏于罗马卡比托利欧博物馆。

插图（第4—5页） 罗马弗拉维圆形剧场，又名罗马斗兽场。

插图（第6页） 帕奇乌斯·普洛库鲁斯（Paquius Proculus）和他妻子的肖像壁画（公元1世纪），出土于庞贝城别墅。

概 述

韦帕芗（Vespasien）登基是震动罗马帝国的大事件。在此之前，奥古斯都的继承者独占皇权，他们从尤利乌斯·恺撒（Jules César）那里继承的威望构建了帝国政治结构的根基。尼禄（Néron）的暴虐无度以及他死后引发的内战造成了帝国的乱象，韦帕芗和他的儿子提图斯（Titus）结束了混乱的局面，他们卓有成效的统治标志着罗马帝国的皇位已经不再由恺撒大帝的后人独占，而成了地中海地区所有名门望族觊觎的对象。弗拉维王朝由韦帕芗开创，结束于图密善（Domitien）。图密善的统治令元老院成员不满，最终导致他被谋害，并且在位期间的一切记录都被抹杀。从此，罗马帝国进入由来自西班牙行省贝提卡的一个富裕家族掌权的新阶段。

涅尔瓦（Nerva）、图拉真（Trajan）、哈德良（Hadrien）、安敦尼·庇护（Antonin le Pieux）和马可·奥勒留（Marc Aurèle）相继成为皇帝，他们统治的时期被视为罗马帝国的黄金时代。由于帝国内部和平，边境相对稳定，罗马经济欣欣向荣，城市不断发展，各种思想在整个地中海地区自由传播。这个时期也是罗马领土扩张最为迅速的时期，达契亚和美索不达米亚在图拉真统治期间并入帝国版图。

马可·奥勒留的儿子康茂德是这个时期最后一位皇帝。尽管从公元176年起康茂德就与父亲成为帝国的共治者，但康茂德给帝国留下了巨大的灾难。在康茂德统治期间，各种问题不断恶化。康茂德摒弃了前任皇帝的怀柔政策，敌视、迫害元老院成员，最后导致他自己被暗杀。随后，罗马帝国陷入了漫长的内战，直到塞维鲁王朝创建。在动荡不安的公元3世纪，塞维鲁家族是第一个掌权的大家族。

插图（第8—9页） 罗马广场图拉真柱上纪念达契亚战争的浅浮雕（公元2世纪），描绘了士兵们收割小麦的场景。

插图（第10页） 罗马城杰拉什（底卡波利十城联盟的一部分，今约旦境内）主街上的柱廊。

韦帕芗登基

罗马文书院宫发现的浮雕作品，展现了弗拉维王朝的缔造者与继承者——他的两个儿子提图斯和图密善的形象。现藏于罗马梵蒂冈博物馆。

插图（右侧） 韦帕芗金币，背面图案是一头牛。

弗拉维王朝

尼禄死后，罗马帝国陷入内乱，国力衰退。最终，军团统帅提图斯·弗拉维乌斯·韦斯帕西亚努斯（Titus Flavius Vespasianus，韦帕芗）夺得了帝国的最高统治权。韦帕芗虽然出身不高贵，却表现出老到的政治手腕和出色的领导能力。韦帕芗稳定经济，击退外敌，成就了帝王的威望。这一局面，在他的儿子提图斯短暂的统治期间也得以延续。

提图斯·弗拉维乌斯·韦斯帕西亚努斯出身富裕的意大利家庭。公元9年11月17日，他出生在萨宾地区列阿特城附近的一个名叫法拉克里纳的小城镇。他的父亲提图斯·弗拉维乌斯·萨比努斯（Titus Flavius Sabinus）曾在亚细亚担任税吏，后来在赫尔维提人地区放高利贷，并凭借着成功的生意跻身骑士阶层。韦帕芗的母亲维斯帕西娅（Vespasia）出身努尔西亚的望族，她的一个兄弟是元老院的议员。得益于家庭的地位和父母的努力，韦帕芗和他的兄长登上了罗马政坛。兄长提图斯·弗拉维乌斯·萨比努斯（Titus Flavius Sabinus）很快成为卓越的政治家。公元 47 年，弗拉维乌斯·萨比努斯取得了执政官头衔；随后担任美西亚行省的司令官。从公元 56 年起，弗拉维乌斯·萨比努斯连续十二年担任罗马城市长官。

年轻的韦帕芗的仕途并不像他的兄长那样耀眼。公元 27 年前后，韦帕芗在色雷斯担任军事保民官，开始了他的军旅生涯。大约在公元 35 年，韦帕芗在克里特和昔兰尼行省担任财务官。回到罗马后，韦帕芗一直参与竞选，但直到公元 38 年才被选为营造官。据说，在韦帕芗任职期间，皇帝卡利古拉（Caligula）曾公开羞辱他——卡利古拉故意弄脏袍裾，而韦帕芗不得不将其清洗干净。可是，这件事并没有妨害韦帕芗的政治生涯。公元 40 年，韦帕芗获得了大法官头衔。随后，韦帕芗被派往日耳曼指挥第二奥古斯塔军团。公元 43 年，皇帝克劳狄（Claude）出兵不列颠，韦帕芗率领第二军团参加，战功赫赫，尤其在征服不列颠岛西南部和怀特岛的战斗中表现出色。因战功卓著，韦帕芗不仅荣获凯旋服饰，还获得了两个祭司职务。

韦帕芗

弗拉维王朝第一位皇帝，在漫长的军事生涯中军功累累，获得了很多荣誉，并最终夺取了王权。苏埃托尼乌斯（Suétone）这样描述他："韦帕芗身材匀称，四肢强健有力，有一副紧绷的面部表情。"

插图 韦帕芗大理石半身雕像，出土于奥斯提亚。现藏于罗马国家博物馆。

公元 47 年年底，韦帕芗回到了罗马。四年后，韦帕芗才当选执政官，还只是那年的最后两个月而已。直到公元 61 年尼禄执政期间，韦帕芗就任阿非利加行省总督，总算开始得到擢升。公元 66 年，尼禄率豪华仪仗队巡游希腊，韦帕芗随行。其间，韦帕芗在皇帝唱歌的时候竟打起了瞌睡，差点惹下杀身大祸。尽管如此，公元 66 年年底，尼禄仍然起用韦帕芗镇压犹太人起义，命他统领三个军团以及埃及和叙利亚行省长官派出的五支部队。韦帕芗之所以能在这个关键的历史节点受到重用，不仅因为他久经沙场，更重要的是他出身不显，皇帝不担心他拥兵跋扈。然而，尼禄死后，手握重兵的韦帕芗在与罗马贵族争夺王权的斗争中占据优势，并最终登上了皇位。

韦帕芗登基

公元 68 年—公元 69 年，加尔巴（Galba）、奥托（Othon）和维特里乌斯（Vitellius）争夺王位，身在犹太战场的韦帕芗必须表明自己的立场。尼禄死后，韦帕芗让他的长子提图斯（Titus）前往罗马表示支持加尔巴，但当提图斯在希腊的科林斯靠岸时，得知加尔巴已被杀害了。谋杀事件发生在公元 69 年 1 月 15 日，是加尔巴最亲近的合作者之一马尔库斯·塞尔维乌斯·奥托（Marcus Salvius Otho，奥托 [Othon]）策划的，随后奥托称帝。听到这个消息后，提图斯决定回到父亲韦帕芗那里。

早在暗杀发生前，日耳曼军团已经拒绝效忠加尔巴，而是向日耳曼军团总司令奥鲁斯·维特里乌斯（Aulus Vitellius）宣誓效忠。于是，帝国又陷入了内战，而各个军团必须选择支持两方中的一方。韦帕芗选择了奥托，但并没有向他提供军事支持。公元 69 年 4 月 16 日，发生在意大利北部克雷莫纳附近的第一次贝特利亚库姆战役结束，奥托兵败自杀。然后，韦帕芗又转而向维特里乌斯宣誓效忠。不过，东方军团的统帅没有参加这次战役，他们联合推举韦帕芗继承王位。帝国的东方共有八个军团，其中埃及两个、叙利亚三个、犹太三个，而这些军事力量都直接听命于新的王位争夺者——韦帕芗。

东方军团的起义是从埃及开始的。公元 69 年 7 月 1 日，埃及长官提比略·尤利乌斯·亚历山大（Tiberius Julius Alexander）和他的士兵们拥立韦帕芗为帝。此后，事件迅速发展。7 月 3 日，韦帕

韦帕芗登基过程

公元27年

色雷斯军事保民官

帝国政府任职起点——18岁任色雷斯军事保民官。

公元35年—公元38年

罗马财务官、营造官

任克里特和昔兰尼财务官，后在罗马皇帝卡利古拉手下担任营造官。

公元43年—公元47年

出征不列颠

统率日耳曼第二奥古斯塔军团，随皇帝克劳狄出征不列颠岛。

公元51年

罗马执政官

不列颠岛之战胜利后，被选为这一年最后两个月的执政官。

公元62年—公元63年

阿非利加行省总督

公元1世纪50年代消失在政治舞台，随后回归政治舞台并任阿非利加行省总督。

公元66年

东方军团总指挥

被任命为东方军团总统帅，镇压犹太人起义。尼禄之死引发的“四帝之年”内乱结束后，登上皇位。

芗麾下的犹太军团加入起义。7 月中旬，叙利亚总督盖乌斯·卢奇尼乌斯·穆奇阿努斯（Caius Licinius Mucianus，穆奇阿努斯）在犹豫之后也积极帮助韦帕芗登上皇位。

7 月底，他们已经商量好了与维特里乌斯斗争的策略。韦帕芗和长子提图斯留在埃及，而 8 月中旬穆奇阿努斯则率军穿越小亚细亚和巴尔干前往意大利。与此同时，多瑙河军团也宣誓效忠韦帕芗，第七军团长马尔库斯·安东尼·普里默斯（Marcus Antonius Primus）率军经阿奎莱亚奔赴罗马。安东尼·普里默斯出身高卢城市托洛萨，曾被加尔巴任命为军团长。作为加尔巴的支持者，安东尼·普里默斯公开与维特里乌斯为敌。但是，一些历史学家认为，多瑙河军团并不服从韦帕芗。同时，他们还认为，本来王权可以和平让渡，但安东尼·普里默斯的军队到达意大利后烧杀抢掠，使得王权更替血流成河。不过，这个说法很有可能是为了免除弗拉维王朝缔造者对于屠杀和暴力所负的责任。

为了阻挡多瑙河军团的进攻，维特里乌斯派遣他的中尉奥鲁斯·凯基纳·阿列安努斯（Aulus Caecina Alienus）前往意大利北部。但是，维特里乌斯的莱茵河军团正在镇压巴达维人叛乱，可以调遣的只有意大利半岛的部队。两军在克雷莫纳附近会战，第二次贝特利亚库姆战役爆发。不久之前，维特里乌斯在这里战胜了奥托，但这一次他却惨败，克雷莫纳城也被胜利者洗劫一空。从此，通向罗马的大道畅通无阻，而维特里乌斯的支持者则弃他而去。西班牙、不列颠和高卢行省宣布支持韦帕芗，就连派去攻打安东尼·普里默斯军队的近卫军也临阵倒戈。

韦帕芗的兄长弗拉维乌斯·萨比努斯（Flavius Sabinus）是皇帝奥托任命的行政长官，此时他正在罗马城内。维特里乌斯见机不妙，便去和弗拉维乌斯·萨比努斯协商。正当维特里乌斯准备放弃皇位的时候，另一队近卫军（他任命的莱茵河军团士兵）发誓要捍卫皇帝和皇权至最后一刻，他们向在罗马的韦帕芗支持者发起进攻。于是，韦帕芗的支持者包括他的次子图密善不得不藏身于卡比托利欧山的朱庇特神庙。12 月 18 日，韦帕芗的支持者被包围。次日，近卫军士兵处死了韦帕芗的兄长，并烧毁了神庙。不过，图密善扮成伊西斯女神的庙祝，得以逃生。

12 月 20 日，安东尼·普里默斯的军队终于到达罗马，巷战立刻展开。他们歼灭了近卫军，用酷刑处死了维特里乌斯。然后，他们像对待重刑犯一样把维特里乌

维特里乌斯死于军团士兵之手

在韦帕芗的军队到达罗马前，维特里乌斯被打败，他试图把权力移交给提图斯·弗拉维乌斯·萨比努斯——罗马城执政官，但被民众和他手下的军团士兵阻止。罗马陷落后，维特里乌斯被俘虏，受尽侮辱。

据历史学家塔西佗（Tacite）所言，维特里乌斯对侮辱他的士兵们说的最后一句话是——“我到底还是你的皇上”，他已经不能承受士兵们杀人的狂热。韦帕芗军队控制罗马后，维特里乌斯试图逃跑，但他知道自己很容易被人认出来，所以决定折回皇宫躲避。但是，胜利的军队找到了伪装成奴隶的维特里乌斯，他在人民和军团士兵的拳脚和辱骂声中被押送到广场。最后，维特里乌斯被处死，从“哀悼楼梯”（卡比托利欧山到监狱的阶梯——著名的行刑场所）上扔了下去，而他的尸身像一般刑犯一样被抛入台伯河。一些学者又称，维特里乌斯被斩首后，头颅在全城示众。

插图 维特里乌斯之死，19 世纪木刻画。

奥鲁斯·维特里乌斯

据苏埃托尼乌斯所说，维特里乌斯“体型肥胖，而且因酗酒之故面孔总是呈紫红色。大腹便便，一条腿微跛，因为在一次战车赛时被撞成了残废”。

下图 维特里乌斯的大理石半身雕像，现藏于维也纳考古博物馆。

斯的尸身用钩子拖到台伯河边，并扔进了河里。罗马市民对安东尼·普里默斯军队的到来感到恐惧，他们害怕这些洗劫了克雷莫纳城的士兵也会把罗马城洗劫一空。之后，图密善被任命为城市大法官，元老院宣布韦帕芗为皇帝。萨尔马提亚人和达契亚人趁罗马帝国内乱之机跨越多瑙河入侵美西亚，穆奇阿努斯在行军路上因为镇压叛乱而没有很快到达罗马，直到数天之后才抵达。一到罗马，穆奇阿努斯就以皇帝的名义施政，安东尼·普里默斯和图密善则退居二线。九个月后，韦帕芗到达罗马，在相对不稳定的局势中登上了皇位。

恢复帝国的和平

在韦帕芗取得帝国统治权时，他还在埃及亚历山大城，之后才回到了罗马。韦帕芗登基时，帝国的大部分地区都已经恢复和平，但还有很多悬而未决的问题。犹太战争仍在继续，“四帝之年”（指公元 69 年一年中出了四个皇帝）造成的权力空缺和混乱又引发了新的问题，其中之一便是居住在莱茵河三角洲一带的巴达维人起义。公元 69 年，维特里乌斯的军队返回罗

尤利乌斯·奇维里斯密谋

巴达维人是一个日耳曼部落，居住在今荷兰土地上。他们被认为是荷兰人的祖先，因此几个世纪后人们仍然关注巴达维人武装反抗罗马起义。1661 年，伦勃朗（Rembrandt，1606—1669）为阿姆斯特丹市政厅画了这幅油画，表现了巴达维人宣誓效忠起义首领尤利乌斯·奇维里斯（Julius Civilis）。现藏于斯德哥尔摩国家博物馆。

马作战，巴达维人趁机起义。

巴达维人的起义首领是当地贵族王公尤利乌斯·奇维里斯，曾在罗马军团辅助军服役。公元69年夏，尤利乌斯·奇维里斯打着支持韦帕芗的旗号，装作要阻止维特里乌斯的援军，实则是发动了一场解放战争，并取得了莱茵河对岸日耳曼人的支持。不久，维特里乌斯从罗马派出八个辅助大队，而这些辅助大队的士兵是巴达维人的同胞，于是他们背弃维特里乌斯加入了起义。

第二次贝特利亚库姆战役，韦帕芗打败了维特里乌斯，但打着支持韦帕芗旗号的巴达维人起义并未结束。相反，尤利乌斯·奇维里斯撕掉伪装，继续反抗罗马。公元69年冬，日耳曼人的起义之火烧到了高卢。于是，尤利乌斯·托图尔（Julius Tutor）和尤利乌斯·克拉西克斯（Julius Classicus，他们被认为是恺撒大帝的后代）带领的特雷维利人与尤利乌斯·萨比努斯（Julius Sabinus）带领的林贡斯人也参加了反叛，罗马军队中由当地人组成的辅助大队中的大部分也倒戈加入起义。

罗马统帅昆图斯·佩提里乌斯·凯利亚里斯（Quintus Petillius Cerialis）收复了日耳曼的主要土地——莫根提亚肯（又译为摩根提亚库姆，今美因茨）、博纳（今波恩）、科洛尼亚·克劳蒂亚·亚拉·阿格里皮内西姆（今科隆）、诺瓦希姆（今诺伊斯）、维提拉（今克桑滕附近的比尔滕），解放了莱茵河河谷全境。对此，塔西佗在《罗马史》（*Histoires*，即《历史》）中写道，起义军声势很大，以至于本来违心向韦帕芗宣誓的正规军团也变节了，转而向尤利乌斯·克拉西克斯建立的高卢帝国效忠。但是，尤利乌斯·奇维里斯和巴达维人都没有加入这个帝国同盟。

随着罗马军队节节获胜，不同部落组成的起义军内部矛盾丛生，很快显出败象。高卢人和日耳曼人之间有宿仇，而不同种族的高卢人一直以来的敌对关系则彻底引发了冲突。塞卡尼人攻击并打败了尤利乌斯·萨比努斯领导的林贡斯人，雷米人和他们的宿敌特雷维利人也大打出手。最终，他们在杜罗科托鲁姆（今兰斯）召集了高卢各民族会议，停止互相攻击。

公元70年年初，韦帕芗在意大利的行动告一段落，终于能够腾出手来使用必要的手段平定起义军。韦帕芗派遣前去镇压的军队规模非常大，而这也反映了叛乱的严重性。八个军团（五个来自意大利，两个来自西班牙，一个来自不列颠岛）抵达战争地，由罗马统帅昆图斯·佩提里乌斯·凯利亚里斯指挥。罗马军团打败了特雷维利人尤利乌斯·托图尔带领的军队，后在维提拉与奇维里斯、克拉西克斯和托图尔领导的联合军对抗，并将他们打得溃不成军。起义被镇压后，韦帕芗立刻对参加反叛的部落提出了慷慨的停战协议，但是对起义军领袖处以死刑。

我们无法得知奇维里斯和克拉西克斯的下场究竟如何，但是萨比努斯躲藏了九年后仍然被逮捕处死。尽管韦帕芗对战败者采取了宽容的处理，但是这次大规模的反叛更加坚定了他在日耳曼边境增强罗马军事力量的决心。于是，韦帕芗安排了八个军团驻扎，建造了大规模的军营、要塞和堡垒。这一军事防御体系，在公元 2 世纪被采用。

犹太战争结束

公元 1 世纪—公元 2 世纪，罗马与犹太人之间发生了三次战争。公元 66 年春天，第一次犹太战争爆发。内政不稳、各宗教党派不和、罗马人和当地首领不断侵占财产，这一切导致了犹太人居住地一直以来战争频发。犹太人暴动的导火索是犹太行省长官盖西乌斯·弗洛鲁斯（Gessius Florus）没收了供奉在耶路撒冷大神殿的部分财物，而这在犹太人看来无异于对神的亵渎。作为回敬，犹太人拒绝参加为纪念皇帝而举办的传统圣祭典礼，并辩称这是渎神的行为。这些摩擦发生在尼禄统治期间。尼禄注意到叙利亚行省总督不力，遂派韦帕芗前往镇压起义。

韦帕芗，这位未来的皇帝，在公元 67 年—公元 68 年取得了重要胜利。在尤利乌斯·克劳狄乌斯王朝末期爆发战争的时候，除了几座要塞和耶路撒冷城（仅存的几位起义者藏身于此），犹太地区再次被罗马控制。“四帝之年”的王位争夺战延缓了韦帕芗在这个地区的军事行动，但罗马军队仍然对首都罗马进行了围攻。韦帕芗在安

犹太战争各个阶段

公元66年

犹太-罗马战争开始

罗马人的残酷统治以及宗教争端引发暴动，起义者攻击并屠杀罗马驻军。

公元67年—公元70年

韦帕芗和提图斯

他们率领军团加入战争，并改变了战争局势。

公元70年—公元73年

残余的暴动者

罗马军队继续战斗，攻陷了余下的几座孤零零的要塞，如马萨达要塞。

攻陷耶路撒冷与摧毁城市

犹太首都人口密集，富裕而且固若金汤。但是，在被提图斯攻陷后，只有几座防御塔楼和一部分防御工事墙保留下来。

公元 70 年，提图斯围攻耶路撒冷采用了一种罗马常用的战术：建造四个由墙体连接起来的防御军营，共同把城市团团围住。当罗马军队开始攻占城市中心时，战斗变得更加激烈了。7 月，罗马军队攻下了安托尼亚要塞。8 月，他们攻占了神殿，并放火将其烧毁。9 月，耶路撒冷其余的地方也被占领了。

插图 下图，韦帕芗银币刻有“被打败的犹太传说”，图案上坐着一个悲痛的犹太女人，其身后是一个拿着武器的被俘的男人；中图，摧毁耶路撒冷，弗朗西斯科·海耶斯（Francesco Hayez，1791—1881）所作；右图，攻城复原图，彼得·康诺利（Peter Connolly）所作。

东尼·普里默斯和穆奇阿努斯的协助下取得罗马统治权之后，立即任命他的长子提图斯平定犹太地区，并由提比略·尤利乌斯·亚历山大协助，而韦帕芗则坐镇亚历山大观察事态的演变。

提图斯统率四个军团，还有埃及军团分遣队和叙利亚、阿拉伯的辅助大队。罗马军队占领城市的斗争非常激烈，并且耶路撒冷城内部各个党派的内斗还时常发生。在起义军中，有三个部队分别是由西蒙·巴尔吉奥拉（Simon Bargiora）、让·德·吉斯卡拉（Jean de Giscala）和以利亚撒·本·西蒙（Eleazar ben Simon）率领。因此，罗马军队必须进攻这座城市的三座坚固的城墙。经过长时间的战斗，房屋被摧毁，耶路撒冷高地和大神殿在夏末被攻陷。大规模的屠杀发生了，不仅因为罗马人发起的战争残酷无情，而且任何企图逃跑或通敌的同胞都遭到了最激

❶ **神殿** 以利亚撒·本·西蒙领导的奋锐党人在神殿上建设了他们的要塞。

❷ **中庭** 混乱的一连串战斗发生在外邦人院。

❸ **柱廊** 神殿内部是直径1公里的柱廊。

❹ **堡垒** 罗马军队攻城之初，就攻陷并毁掉了有四座瞭望塔的安托尼亚要塞。

❺ **大火** 进攻的最后阶段，罗马士兵放火烧了神殿的木框架，导致整个神殿被摧毁。

进的犹太人的暗杀。

犹太历史学家弗拉维乌斯・约瑟夫（Flavius Josèphe）起初也参加了起义，但后来加入了罗马阵营，成了提图斯手下的指挥官。弗拉维乌斯・约瑟夫在《犹太战记》(*La Guerre des Juifs*）中描述了公元70年罗马军队围攻耶路撒冷以及城市陷落的可怕景象。同时，据弗拉维乌斯・约瑟夫所说，罗马统帅当时竭力避免摧毁城市，并尽一切可能扑灭神殿的大火。但是，这一说法揭示了约瑟夫不公正的立场，他是想要为韦帕芗的长子提图斯树立一个正面形象。事实上，正是罗马军队为了抢掠财富而摧毁了耶路撒冷，烧毁了象征犹太教和教徒共同身份的大神殿，并将神殿里的圣物和圣器洗劫一空。

次年，提图斯回到罗马，与父亲韦帕芗一起庆祝胜利。在凯旋

提图斯的胜利

这幅木板油画是英国画家阿尔玛-塔德玛（Lawrence Alma-Tadema，1836—1912）的作品，描绘了身着大祭司袍的韦帕芗，他的儿子图密善和儿媳图密娅·隆吉娜（Domitia Longina）紧随其后。他们的身后是提图斯，他刚打败犹太人从耶路撒冷凯旋。图密娅和提图斯交换眼神，暗示了他们之间可能存在感情，正如狄奥·卡西乌斯（Dion Cassius）和苏埃托尼乌斯所说的那样。现藏于巴尔的摩沃尔特斯艺术博物馆。

仪式上，韦帕芗不仅向罗马人民展示了从犹太人手中夺取的战利品，还发行了一系列刻有“被打败的犹太传说”的纪念币。军事胜利巩固了王朝的权力以及弗拉维新政府的正当性，三个起义军首领中有两位被逮捕并押送到罗马：西蒙·巴尔吉奥拉被处死，让·德·吉斯卡拉判处无期徒刑。对于这场战争，弗拉维乌斯·约瑟夫声称共造成超过 100 万犹太人死亡，但是苏埃托尼乌斯认为只有 50 万人。不过，很显然，这些数字缺乏可信度。由于数字的庞大（尤其是弗拉维乌斯·约瑟夫所认为的数字），研究者认为这是战争总体造成的死亡人数。无论是否准确，这些数字都反映了罗马赢得战争后耶路撒冷经历的巨大悲剧。

战争又持续了数年，先是由卢基里乌斯·巴苏斯（Lucilius Bassus）指挥，后由卢修斯·弗拉维乌斯·席尔瓦（Lucius Flavius Silva）接替，他们要消灭宗教狂热分子的武装团体。这项任务并不简单，虽然这些宗教狂热分子胜利无望，却仍然非常活跃。公元 73 年，战争进入尾声，卢修斯·弗拉维乌斯·席尔瓦率领部队围攻马萨达要塞。马萨达要塞里躲藏着一群顽固狂热的奋锐党人，他们被称为“刺客”。罗马人进行了大规模攻城行动，他们在马萨达山丘周围修建了 3 公里长的城墙，还修了一条坡道方便军队登顶。据弗拉维乌斯·约瑟夫《犹太战记》记载（见第七卷，第 402—408 页），奋锐党人不得不面对失败的事实，但上千人宁愿自杀也不愿被罗马人俘虏。马萨达要塞沦陷后，战争结束了。

洗劫耶路撒冷

攻陷耶路撒冷城之后，罗马军队洗劫了神殿的宝物，并将其作为战利品在罗马的凯旋仪式上展示。

插图 提图斯凯旋门浮雕细部，描绘了象征犹太人民的七座烛台。罗马广场神圣大道上的提图斯凯旋门是提图斯死后修建的，大约建于公元 81 年。

罗马军队艰难攻陷马萨达要塞

马萨达山丘高 369 米，位于从死海东岸绵延到犹太山的狭窄平原上。这是一个战略要地，因为山丘四周是陡峭险峻的悬崖，登上马萨达只能依靠东侧的一条被称为“蛇道”的蜿蜒小路。最早的防御工事可以追溯到哈蒙尼斯王朝，大希律王（Hérode Ier le Grand）筑就了马萨达坚固的城墙，以及储存粮食的地方和蓄水池，还有一个用于娱乐的宫殿。

短剑党和马萨达保卫者的结局

在奋锐党人的协助下，短剑党（因为他们都持传统的剑柄弯曲的短剑）在战争之初控制了马萨达要塞。他们在那里组织抵抗运动，直到公元 73 年罗马士兵攻陷了犹太的最后一个堡垒，但起义者宁愿自杀也不愿被俘。据弗拉维乌斯·约瑟夫记载，在罗马军队发动总攻的前夜，马萨达短剑党首领以利亚撒·本·亚伊尔（Eléazar ben Yaïr）说服教徒集体自杀，并建议通过抽签的方式选出 10 人先把其他人杀掉，第二次再抽签选出一人把其他 9 人杀掉，最后一个人自杀。

插图 马萨达考古中发掘出的写有以利亚撒·本·亚伊尔名字的陶片。

❶**进攻坡道** 铺设的坡道长200米、高60米，罗马军队通过这条坡道修建了攻城塔和公羊锤，打破了马萨达要塞城墙。

❷**蛇道** “蛇道”口在城墙上，装有炮台。奋锐党人利用这个空间藏身，后将其摧毁。

❸**罗马军营** 共建有8个军营，距离要塞东南700米和西北300米处的两个军营是部分挖掘的。

❹**攻城塔** 攻城塔被铁皮覆盖，建立在一块石板上。在攻城塔上，罗马人设立了一个破墙的公羊锤。

❺**大火** 罗马人向要塞内大量投掷火把，点燃了守卫者竖起的第二堵木墙。

❻**城墙** 与提图斯在耶路撒冷建造的城墙构造相似。城墙将马萨达包围起来，目的是将短剑党人隔离起来，并防止他们逃跑。

德瓦·维克特里克斯——罗马不列颠行省军团要塞

德瓦要塞在英格兰岛西北部，靠近海边和威尔士边境，修建于弗拉维王朝时期，用于驻扎第二军团（约 5500 人）。后来，德瓦要塞成为控制不列颠地区的第二十军团基地。

军团要塞的布局和元素均统一规整，占地面积 20～25 公顷（德瓦要塞长 594 米、宽 415 米），呈矩形，带有圆角。后来，很多要塞都发展成了市镇，但切斯特郡仍然保存了德瓦要塞的遗址。德瓦要塞最初的营地是用木头建造的，后来罗马人使用石头建造，更加坚固、持久了。

第二十英勇凯旋军团

公元 43 年克劳狄率军入侵不列颠时，该军团是罗马帝国出征的军团之一。

下图 瓦片上压印的军团徽章，现藏于罗马文明博物馆。

重建边境

尤利乌斯·克劳狄乌斯王朝的覆灭和“四帝之年”的混乱，凸显了近卫军在罗马政治斗争中的重要性。其实，在克劳狄即位时，这已经是显而易见的事实。这场危机还表明，正规军团的力量不应该被低估，他们是武装斗争关键阶段的主角。

因此，控制罗马军队对于保证帝国的秩序和统治的延续至关重要。元老院具有的反对能力不可忽视，但是军团俨然成了夺取政权的重要工具。当意识到这一点后，弗拉维王朝的皇帝全力改组军队，稳定了已发生深刻变

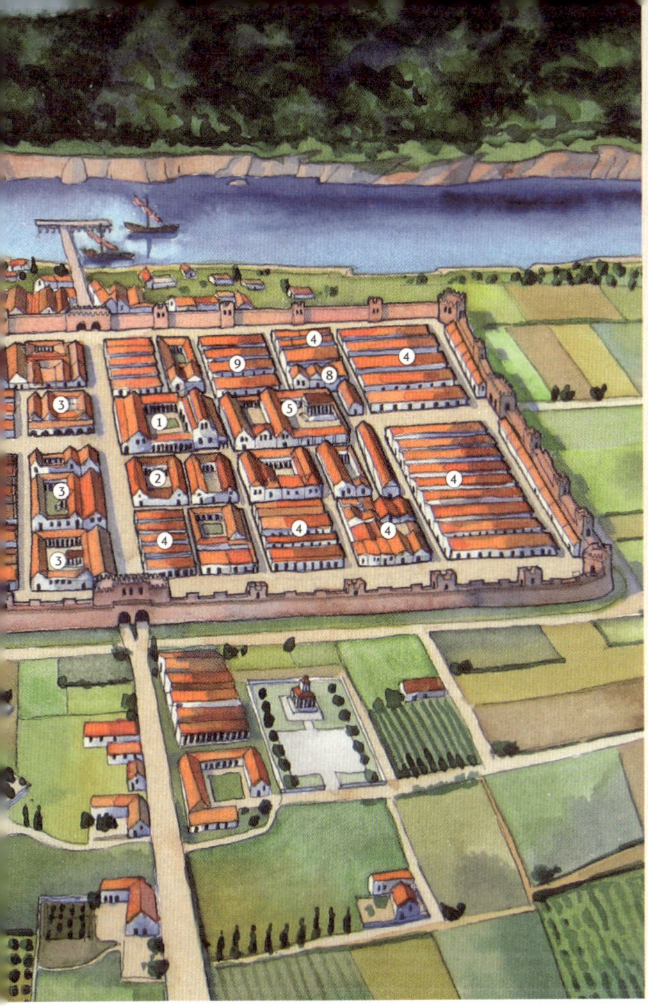

①**司令部** 该建筑是军团指挥部，也作为档案中心和祭坛使用，放置团旗和皇帝肖像。

②**将军府** 军团司令住房，具有与任何贵族别墅相同的特点。

③**军官住房** 军事保民官、行政长官、首席百夫长等其他军官拥有的个人住房。

④**营房** 每百人团有一个自己的营房，其中有放置器械的空间，还有一个较大的房间供百人团长使用。

⑤**医院** 每个房间能容纳8张床，配备有手术室。

⑥**圆形剧场** 圆形剧场有时是为了供军队娱乐而建造。

⑦**公共浴场** 军团士兵也可以享用这些便利设施。

⑧**储藏室和工作室** 此处储存生活物资，制造工具。

⑨**椭圆形建筑** 用途不明，可能是一座庙宇。

化的边境。这是征服新领地之前的首要任务。

弗拉维王朝的皇帝做的第一件事就是解散大多数效忠维特里乌斯的部队，特别是近卫军，以保证现有士兵的忠诚。韦帕芗缩减了近卫军人数，从 16 支大队减到 9 支大队，到了图密善时期增加到 10 支大队。此后，近卫军士兵仅在意大利和罗马化程度最高的行省招募，而与维特里乌斯并肩作战过的军队也遭解散。不过，军团得到保留，并在进行改革后数量增加到 29 个，服役年限维持在二十年。

改组后的军队忠于弗拉维政权，多数被派往帝国边境维护边境稳定，而这标志着军事化政策的开端。这一政策在公元 2 世纪得到巩固，但大部分帝国行省没有军团。如此，帝国的军团驻扎在莱茵河、多瑙河和东部边境线，军营的设置也比之前更加完善。

不过，一些地区仍然需要密切注意。不列颠历来不稳定，随着权力空缺以及士兵被派往欧洲大陆为帝国王位争夺者的军队服役，该地区的动荡情况加剧。因此，布里甘特人部落在英格兰北部组织了一次起义，威尔士的志留人和苏格兰的喀里多尼亚人也紧随其后。韦帕芗必须立即进行军事干预，派遣曾率军打败了巴达维人和高卢人起义的昆图斯・佩提里乌斯・凯利亚里斯前往镇压。战争旷日持久，赛克斯图斯・尤利乌斯・弗朗提努斯（Sextus Julius Frontinus）和尤利乌斯・阿古利可拉（Julius Agricola）相继接替凯利亚里斯领导军队。其中，赛克斯图斯・尤利乌斯・弗朗提努斯撰写过罗马城市政改造和军事问题的著作，尤利乌斯・阿古利可拉是历史学家塔西佗的岳父。罗马人最终成功打败起义军，恢复了不列颠岛的和平。罗马军队抵达英格兰和威尔士边境，赶走了北方部落，迫使他们撤回苏格兰。这些军事方面的努力，一直持续到图密善时期，并通过建立由坚固的营地和小型堡垒构成的稳固防御体系得到加强。同时，帝国也实施了吸引当地精英的战略，目的是使他们融入罗马世界，防止大规模叛乱。

多瑙河边境也受到了影响。军团调离后，萨尔马提亚人和达契亚人等好战的部落乘虚而入。穆奇阿努斯沿着安东尼・普里默斯行军路线返回意大利的途中，率军打败了这两个部落。虽然罗马人胜利了，韦帕芗也登基成为罗马最高统治者，但这并没有阻止新的起义发生，而皇帝不得不在这个地区发起新的军事行动。

韦帕芗采取的策略和莱茵河两岸一样，他下令新建更加强大的军营，如文多波纳（今维也纳），并把军团数量增加到 7 个。同时，陆军得到驻守潘诺尼亚和美西亚内河海军的支持。尽管部落起义一再向帝国施压，但新的军事布防和罗马的和平使得帝国能够更有效地控制多瑙河边境的形势，并把这个地区牢牢地控制住。

东方也出现了其他问题。在黑海，本都国王波列蒙（Polémoniaque）的获释奴阿尼凯图斯（Anicetus）反抗韦帕芗，最后被罗马军队打败。因此，罗马不得不重组亚细亚行省，吞并了以前与罗马缔结过保护人关系的独立王国，如小亚美尼亚王国和科马基尼王国。同时，奄蔡人（阿兰人）入侵高加索地区，尤其影响了罗马在亚洲的强邻帕提亚王国。然而，这促使罗马加快了在东部建立更强大的军事边界的步伐，包括建造辅助军营和要塞，增加军团，以保护帝国从黑海到阿拉伯半岛的边界。韦帕芗最初与帕提亚人保持和平，但是他们在公元 75 年袭击了罗马帝国的叙利亚行省。这次军事冲突是奄蔡人（阿兰人）进犯帕提亚引起的，帕提亚人曾请求罗马人帮助，但遭到了拒绝。最后，这次与帕提亚人的军事冲突被未来的图拉真皇帝的父亲马尔库斯·乌勒皮乌斯·图亚努乌斯（Marcus Ulpius Traianus）击退。不久，下令攻击的帕提亚国王死了，罗马与帕提亚签订停战协议，并一直维持到这个时期结束。

新帝的权力

元老院颁布的《韦帕芗皇帝法》（*lex de imperio Vespasiani*）规定了韦帕芗作为帝国统治者的法律地位，部分《皇帝法》刻在青铜版上得以留存。通过这部法律，新皇帝通过武力夺取的地位得到元老院的承认。这部法律的目的十分明确：赋予韦帕芗取代尤利乌斯·克劳狄乌斯王朝及帝王享有的一切权力。关于以前是否有过相同性质的法律，历史学家的观点不一，但是韦帕芗作为一个既无权威也没有世袭尤利乌斯·克劳狄乌斯家族的政治遗产的意大利人，取得元老院的承认可以使他的权力合法化，并获得与恺撒家族同等的权威，从而巩固其帝国统治者的地位。

这部法律赋予了皇帝处理内部事务和外交政策的绝对权力。《皇帝法》规定，韦帕芗可以“按照他的意愿与任何人签订条约，如同神圣奥古斯都（Auguste）、提比略·尤利乌斯·恺撒·奥古斯都（Tibère Jules César Auguste）和提比略·克劳狄·奥古斯都·日耳曼尼库斯（Tibère Claude César Auguste Germanicus）被允许的那样”（莱昂·霍莫《古罗马的政治制度》[*Léon Homo*，*Les Institutions politiques romaines*]）。同时，韦帕芗还有召集元老院、提出和否决法律提案、批准法令、指派罗马政务官的权力。最终，元老院承认韦帕芗政权的合法性，实施所有他认为“有利于共和国，不辱神圣的和世俗的、公共的和私人的事务的使命”的

《韦帕芗皇帝法》：弗拉维王朝第一位帝王的立法

这部规定了韦帕芗权力的法律是罗马帝国时期被研究得最多、争议最大的文献之一。镌刻有《皇帝法》的青铜版被罗马政治家柯拉·迪·里恩佐（Cola di Rienzo，1313—1354）在拉特朗圣若望大殿发现，其在那里展出后被移至罗马卡比托利欧博物馆。

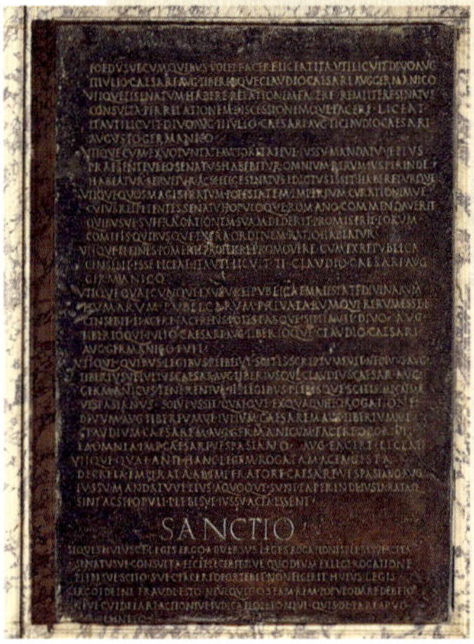

这部法律授予皇帝绝对的权力，但仍然在表面上保持共和的表象，因为专制君主的特殊地位正是由元老院负责批准的。不过，韦帕芗的立法不止于此。为了重建和平、安宁和富强，韦帕芗付出了许多努力，进行了很多改革，尤其是在经济领域。韦帕芗在位期间不断地寻找新的财政来源，使国家摆脱了尼禄统治时期和内战造成的灾难性局面。

插图 柯拉·迪·里恩佐发现的青铜版。

行为（莱昂·霍莫《古罗马的政治制度》）——他的权力无疑使他凌驾于法律、元老院和全民表决之上。

国家的巩固

韦帕芗利用他赢得的广大的被元老院认可的职权开始了国家的重建，并以此巩固他和家族的权力。韦帕芗的即位创造了一个重要的先例，因为他身上没有流淌帝国缔造者奥古斯都的王族血液。韦帕芗出生于意大利，没有高贵的血统，是一位不具备罗马望族世袭权威的“新贵”。韦帕芗能够登上皇位，意味着新的现象产生了：帝国不再局限于罗马城，也不再属于日渐式微的共和时代的名门望族。意大利城市不断发展，精英阶层融入国家政治，而这一进程加快了精英成员登上皇位的步伐。正如历史学家塔西佗所说，内战表明了“皇帝可以在罗马以外的地方产生”，这个趋势在公元 2 世纪更加明显。

韦帕芗首先致力于巩固皇权，通过颁布法律和法令确定了统治的正当性，公开创建了弗拉维王朝，并在登基之后任命他的两个儿子在政府中担任要职。除了政治和法律措施之外，韦帕芗把弗拉维家族的财富都花费在了令人印象深刻的宣传活动上。韦帕芗下令铸造了很多硬币，以赞颂新政权并宣传其合法性；大兴土木，以昭告他缔造的新皇族的宏伟气象。以此为契机，韦帕芗还建造了罗马斗兽场、提图斯凯旋门、和平广场和卡比托利欧山的朱庇特神庙。同时，韦帕芗的宣传活动还包括制造使人惊奇的神迹和吉兆，如在埃及神奇治愈病人，这使他获得了王朝初建时期缺乏的权威光环。

经济改革

弗拉维王朝首位皇帝韦帕芗实施国家重建的第二步是重振帝国经济，复兴财政，这也是重要的一步。众所周知，尼禄死后，罗马帝国经历了“四帝之年”的内战，政治和经济陷入混乱。实行紧缩的经济政策是保持帝国良好运行的必要改革措施，要尽可能花最少的钱做最多的事。在这个方面，韦帕芗显示出了老到的政治才能。于是，韦帕芗严格管制皇室的财政开支，但这给他带来了吝啬的名声，并受到了当时一些分析人士的讥笑。

除了精打细算之外，韦帕芗还尽量增加财政收入。历史学家把韦帕芗刻画成一个勤勉的筹资人，只要能达到目的任何手段都可以，哪怕是抢劫或侵占取得的不义之财。在施行的财政措施中，韦帕芗将犹太战争的战利品归入国库，为犹太人专门设立新的税种，并在埃及和亚细亚也采取了类似的措施。韦帕芗设立的新税之一（尽管最初的想法似乎是尼禄提出的）就是著名的“小便税”，只有交了税才能使用和收集公厕以及在公共道路两侧放置的双耳尖底瓮里的尿液，以用于鞣制皮革和清洁衣物。

为了弥补帝国内战造成的财政损失，韦帕芗收缴了内战期间罗马停止征收的税款和特别债务；取消了加尔巴（Galba）当政期间为赢得西班牙和高卢的支持而给予他们的税收特权，并重新管控古希腊阿哈伊亚行省诸城市；颁布了新的行政和开发法规，以扩大帝国广袤的土地收益。

另一项针对当地城镇的措施是收回意大利“公地”所有权，即殖民地非法占有

突尼斯沙格镇公共厕所

小便税是有关韦帕芗的最有趣的一个小故事。尽管真实性可疑，但狄奥·卡西乌斯和苏埃托尼乌斯都记载过。苏埃托尼乌斯说，“韦帕芗的长子提图斯向他抱怨小便税，他便从收来的税款中取出一块银币放到他儿子鼻子下让其闻是不是很臭。提图斯说不臭，韦帕芗回答说‘这就怪了，这钱可是从便池里来的呢’”。

的帝国的公共土地，而土地的收入都纳入国库。但是，这项措施并不得人心，后来图密善意识到不可能实施，最终取消了。

虽然韦帕芗遭到了批评和嘲讽，但对他的经济政策的总体评价是正面的。正如苏埃托尼乌斯所言，“韦帕芗很好地利用了那些不义之财”。这个正面评价被现代历史文献沿用，可以解释为“这些收入是为了美化罗马城和重建帝国，皇帝没有用于个人享乐或者中饱私囊”。

社会改革

伴随经济改革的是一场真正的社会重塑，尤其体现在元老院和骑士阶层等特权阶层方面。公元 73 年，韦帕芗与其子提图斯共同担任监察官，着手“清洗”元老院，免除了那些他认为不称职的或者不忠诚的成员。正因为罗马帝国的改革，韦帕芗才能够登上帝位，因此他也不拘一格地将意大利和各行省最优秀的公民吸纳入元老院。不仅如此，韦帕芗还取消了尤利乌斯·克劳狄乌斯（Julio Claudiens）给予皇帝的获释奴的职权，增强了骑士阶层在行政管理中的作用。

老普林尼（Pline l'Ancien）认为，赋予所有西班牙人拉丁公民权是韦帕芗的意愿，他希望将行省的人吸纳进帝国政府机构；对于所有臣民，无论出身何处，都量才而用地为国家的重建服务。关于这一举措的实施，有不同的观点：一些人认为这一举措是公元 69 年内战期间实行的；另一些人则把这一法令追溯到韦帕芗和提图斯共同担任监察官的时候。无论哪个时间是准确的，这项史无前例的措施使行省得到了回报，并拉近了它们与罗马的关系。因此，伊比利亚半岛的佩雷格里努斯人（帝国管辖的自由省级主体，非罗马公民）也享有了和拉丁公民同样的权利。此后，通过担任政务官，加入元老院（市政元老院）参与市政管理的西班牙人都将获得罗马公民资格，其妻子、父母、子女和孙子女也同样受益，这加快了伊比利亚半岛的望族担任高于行省级职务的步伐，并预示着西班牙精英阶层将在罗马获得重要地位。

韦帕芗在某种程度上给罗马人民展示了新奥古斯都形象，即重建帝国的人。韦帕芗懂得如何重整国家，为皇权打下新的根基，并与尤利乌斯·克劳狄乌斯王朝的黄金时代紧密联系在一起。

提图斯的短暂统治

韦帕芗刚刚即位，就给他的政府打上了专政和王朝的僭主政治的深刻烙印。苏埃托尼乌斯称，韦帕芗直言不讳地要求元老院承认他儿子的继承权，否则就返回无政府状态。为了使皇权顺利移交，提图斯和图密善都被给予了很多荣誉。他们和父亲韦帕芗分享大部分的职位和权力，以至于他们在韦帕芗统治时期可以被看作是皇帝最主要的合作者。公元 69 年，提图斯被授予“恺撒”头衔和“青年领袖”称号。

罗马斗兽场——弗拉维王朝的杰作

弗拉维王朝的皇帝上位之初并不具备尤利乌斯·克劳狄乌斯王朝的合法性，因此渴望赢得罗马居民的认可。他们建造了一座雄伟壮观的建筑，不仅在此举办最受罗马民众欢迎的角斗士比赛，还在此举办斗兽赛和处决犯人。

在尼禄金宫花园遗址建造的这座令人惊奇的建筑，呈椭圆形，长 188 米，宽 156 米，高 50 米。罗马斗兽场的命名来源于入口处的巨大青铜雕像“尼禄巨像”，大约可以容纳 5 万名观众在这个竞技场观看表演。韦帕芗和提图斯传递给罗马民众的意图很明确，即新的王朝为了民众的娱乐和快乐，将从前的暴君尼禄为己所用的空间还给人民。

左图 公元 80 年发行的提图斯银币上的斗兽场，可以看到建筑里面的观众。圆形剧场左侧是圆锥水泉，右侧是柱廊。银币背面，提图斯坐在象牙椅上，脚下放着武器。

提图斯统治年表

公元79年6月24日

父亲韦帕芗死后，提图斯登基。

公元79年8月—9月

维苏威火山爆发，罗马遭遇大火。

公元80年

盛大欢庆，庆祝罗马斗兽场开幕。

公元81年9月13日

提图斯在父亲韦帕芗去世的别墅中死去。

在韦帕芗执政时期，父子两人（韦帕芗和提图斯）八年里有七年都当选执政官。公元73年，提图斯和父亲韦帕芗一起担任监察官。公元71 年，提图斯拥有了护民官权，他担任了很多政治要职，成了父亲韦帕芗真正的共治者。图密善也享受了同样的待遇，尽管他没有与父亲韦帕芗共同治理国家，但是他也被授予了“恺撒”头衔和“青年领袖”称号，并在韦帕芗当政期间 6 次担任执政官。在当时的宣传中，共治王朝的意图可以很明显地看出

来，特别是韦帕芗和两个儿子共同出现在铸造的硬币上，标志着他们紧密相连、共同治理帝国。

因此，公元 79 年韦帕芗死后，提图斯能顺利登上王位就不足为奇了。提图斯保持了弟弟图密善的特权地位，任命他为王朝的共治者和王位继承人。为了纪念这两次事件，帝国发行了新金币，上面刻有韦帕芗把象征王权的金球和权杖传给儿子，或者提图斯、图密善兄弟二人握手的场景。提图斯于公元

提图斯凯旋门

提图斯凯旋门是为了纪念皇帝取得犹太战争的胜利而建造的。皇帝提图斯在凯旋队伍中，胜利女神给他戴上花冠。旁边还有两个具有寓意的形象，象征罗马人民和元老院。

塞戈维亚输水道（第 38—39 页）

建造时间不明，一般认为是在韦帕芗或者提图斯在位的时候开始建造的。水道长 728 米、高 29 米，是罗马工程中最令人惊叹的建筑之一。

79 年 6 月 24 日—公元 81 年 9 月 13 日在位，统治时间很短，很难确切地把他的统治和他父亲韦帕芗的统治区分开来，但他赢得了所有人的爱戴。苏埃托尼乌斯评价认为，提图斯是“人们普遍喜欢和爱戴的人物，他有特殊的才能、教养或好运，因而赢得了大家的好感”。另外，我们所知道的关于提图斯执政和行使权力的评价无一不是赞美的，尤其文献资料特别强调他不以叛国罪的名义将元老送上法庭，并且颁布了惩罚泛滥的告密者的法律。在前几任皇帝统治期间，尤其是尤利乌斯・克劳狄乌斯王朝的最后几个皇帝统治期间，告密者非常普遍。

但是，对提图斯的普遍好评和爱戴并不是从来就有的。在韦帕芗死前，很多人认为提图斯淫逸放荡，其年轻时候的恶习很难让人不把他和尼禄联系起来。可以说，在韦帕芗执政时，人们对提图斯的这种不好的印象就已经形成了。那时候，提图斯作为近卫军长官，代表政权压迫的武装力量；而另一个重要的事件也让提图斯招致民众不满——在犹太地区期间，他爱上了阿格里帕一世（Hérode Agrippa Ier）的女儿贝蕾妮丝（Bérénice）。于是，一些历史学家将这位东方女子视作新的克里奥巴特拉（Cléopâtre），而这对于提图斯的政治生涯是一个巨大的障碍。然而，苏埃托尼乌斯认为，提图斯登上皇位后立刻送贝蕾妮丝离开了罗马，尽管“两人都不愿意”。这个有情人被迫分离的故事对欧洲文艺创作产生了很大的影响，不仅出现在拉辛（Racine）和高乃依（Corneille）的戏剧作品中，而且梅塔斯塔齐奥（Métastase）和马佐拉（Mazzolà）还据此创作了著名歌剧《狄托的仁慈》（*La Clémence de Titus*），包括莫扎特（Mozart）在内的很多作曲家都为之作过曲。

放弃禁忌之爱拉近了皇帝提图斯与臣民的距离，更有利于树立他作为正直和完美统治者的形象。提图斯开始收敛骄淫的行径，将围绕在身边的谄媚唯利之徒赶出皇宫。

在提图斯当政期间，发生了两次严重的事件。第一个是公元 79 年 8 月 24 日维苏威火山爆发，将斯达比厄伊、赫基雷尼亚和庞贝三座城市夷为平地。提图斯迅速高效应对，成立了一个由执政官阶层组成的委员会负责组织城市重建，并提供资金弥补火山爆发的摧毁性后果。提图斯慷慨解囊，用自己的钱财支持了一部分救助活动，这更加彰显了他“好皇帝”和“慷慨的统治者”形象。另外，没有亲属的死者的资产划归国库，全部用于救灾重建，而且提图斯还亲自到灾难现场视察救灾情况。

提图斯和奇里乞亚的贝蕾妮丝：责任先于爱情

罗马帝国继承人提图斯和希律王朝出身的年轻公主贝蕾妮丝之间不可能的爱情，一直以来都吸引和激发着很多艺术家，尤其是画家和剧作家。

这对情人在犹太相识，当时提图斯在该地指挥罗马军队。在韦帕乡争夺王位期间，贝蕾妮丝——希律·阿格里帕一世的女儿——为其提供了经济支持，此后她在整个战争期间一直在提图斯身边。在提图斯凯旋仪式上，贝蕾妮丝不能陪伴左右，但是公元 75 年这对情人在罗马又相见了。根据历史学家狄奥·卡西乌斯的说法，他们像夫妇一样住在宫中，但他们的行为引发了批评，迫使提图斯不得不把贝蕾妮丝送回犹太。不过，贝蕾妮丝在公元 79 年提图斯登基后又回到了罗马。然而，罗马人对他们的关系非常反感。提图斯为了维护他在罗马人心中的形象，不得不与他的情人贝蕾妮丝永远分开。

插图 1805 年，菲利普·切里（Philippe Chéry）在剧作家让·拉辛（Jean Racine，1639—1699）所作的同名戏剧中饰演贝蕾妮丝。

提图斯在位时发生的第二个不幸的事件是罗马大火，是在庞贝城灾难不久之后发生的。这一次，提图斯果断地直面难题，并且用自己的财产资助城市的重建。大火连烧了三昼夜，战神广场和卡比托利欧的许多建筑都化为灰烬，而韦帕芗刚刚重建的朱庇特神庙又一次被大火摧毁。

这场大火后不久，可怕的瘟疫席卷了罗马城。根据狄奥·卡西乌斯的说法，瘟疫是维苏威火山灰引起的。提图斯成立了由骑士阶层组成的委员会努力调配各方力量，积极地重新恢复罗马的正常生活。同时，提图斯自己出钱重建了原有的工程，而他的弟弟图密善执政期间也接续了重建工作。此外，提图斯还捐助了自己私人住宅中的艺术品，用来修复美化被损毁的建筑。提图斯想要传达的信息非常明显：尼禄为了自己享乐花费无度，而新任的弗拉维王朝的皇帝却毫不犹豫地将自己的财产和宝物用之于民。

在罗马，随着弗拉维圆形剧场以及附近的豪华浴场的建成，提图斯的慷慨政策达到了顶峰。圆形剧场也称罗马斗兽场，得名于尼禄以自己形象建造的巨大雕像。据狄奥·卡西乌斯所说，因为圆形剧场的建成，罗马人民整整庆祝了一百天，而提图斯给民众送出了数不清的礼物，为民众组织了娱乐活动，包括角斗士比赛，海战剧以及众多表演，其间共有 9000 只猛兽被杀。

提图斯登基刚刚两年，便因发热病逝。由于人民的爱戴和元老院的敬佩，提图斯与父亲韦帕芗一样在死后被列为神进入万神殿，而罗马广场也建立了韦帕芗神庙和提图斯神庙。图密善为了纪念哥哥提图斯的功绩，建造了提图斯凯旋门，描绘了他军事生涯中的关键时刻。凯旋门的装饰着重突出提图斯在征服耶路撒冷和平定犹太人起义后的凯旋式，雕刻在建筑内壁的最有名、最令人难忘的景象是胜利的军队抬着从耶路撒冷掠夺回来的战利品游行，而提图斯驾着四马二轮战车接受长着翅膀的胜利女神为他戴上胜利的花冠。凯旋门至今仍屹立在罗马广场上，存留的装饰浮雕纪念着这位死去的神圣皇帝——提图斯被神鹰翅膀托上苍穹。

流传下来的文献表明，提图斯的统治得到了罗马人的一致认可。当提图斯放弃了他登上政坛初期的放荡生活，不再被认为是新的尼禄的时候，当时的人民看起来松了一口气。当然，罗马人是很难完全忘记这个尤利乌斯·克劳狄乌斯王朝最后一位皇帝尼禄带来的灾难的。在希腊，罗马的对手甚至冒充尼禄吸引了提图斯时代的

朱莉娅·弗拉维娅

朱莉娅·弗拉维娅（Julta Flavia）是提图斯与第二任妻子马尔基亚·富尔尼拉（Marcia Furnilla）所生的独女。公元 82 年，朱莉娅与执政官提图斯·弗拉维乌斯·萨比努斯（Titus Flavius Sabinus）结婚，但因她与叔父图密善的乱伦而历史留名。图密善的妻子是图密娅·隆吉娜，但他不能为了朱莉娅与图密娅离婚，这样的行为会招致民众责难。在父亲和丈夫死后，朱莉娅和图密善开始同居。苏埃托尼乌斯称，朱莉娅死于强制堕胎，并且图密善的乳母在图密善死后偷偷将放置在弗拉维神庙的这对情人的骨灰混在了一起。

插图 朱莉娅·弗拉维娅大理石半身像，现藏于罗马国家博物馆。

许多追随者，而这种被称作“假尼禄”的冒名事件上演了很多次。虽然罗马人对于弗拉维王朝的第二个皇帝——提图斯充满热情，但犹太人并没有同感，他们把皇帝提图斯的早逝看作是神对他摧毁耶路撒冷神殿的惩罚。

档案：庞贝——被维苏威火山掩埋的稀世古城

庞贝古城是最著名的考古遗址之一，它保存完好的状态为我们提供了帝国时期罗马城市日常生活的准确图景。

1787 年 2 月，德国作家歌德（Goethe）参观庞贝遗址，这是当时富裕的欧洲文化旅游不可错过的一程。不久，歌德在《瑞士和意大利游记》（*Voyages en Suisse et en Italie*）中这样回忆道："在世界上发生的诸多灾难中，还从未有过任何灾难和此次灾难一样，给后人带来如此巨大的愉悦。"今天，熙熙攘攘的游客走在被发掘的庞贝古城的道路上，怀着与 18 世纪的游客一样的热情，惊奇于这个保

“小心有狗”

“小心有狗！”在庞贝城，悲剧诗人帕奇乌斯·普库鲁斯（Paquius Proculus）的房屋以及其他几座房屋的入口处，都装饰着这种令人印象深刻的马赛克镶嵌图案。

插图 左图，阿波罗神庙；上图，马赛克镶嵌画，现藏于那不勒斯国家考古博物馆。

存完好的城市遗址给现代的观察者展现出的遥远的古罗马场景。同样被发掘的还有附近的赫库兰尼姆城及周围乡村的其他村镇，这些城镇成了古代历史学家难以绕过的研究场所。今天我们所了解的关于罗马帝国日常生活和社会的知识，大部分都“归功于”这些城市所遭遇的灾难。

早在18世纪中叶，对庞贝古城就进行了第一次考古发掘。当时，这个地区属于那不勒斯的君主、未来的西班牙国王查理三世（Charles Ⅲ）统治，他是文化事业的赞助人。在那之前，这个地区基本是无人之地，除了在罗马帝国时代偶尔有几个偷盗者外，几乎没有人关注。从1763年起，陆续有游客来庞贝古城参观。尽管在法占时期（1806—1815）的考古工作进展迅速，但是直到19世纪下半叶的考古活动才使得这个城市最著名、最令人惊奇的遗址重见天日。从1924年开始，随着意大利考古学家阿美狄欧·麦乌瑞（Amedeo Maiuri）的系统发掘，学者们开始研究火山爆发前的庞贝城。同时，麦乌瑞也是最后一个对庞贝古城进行大规模考古发掘的专家。

火山爆发

维苏威火山的爆发分为两个阶段。一柱火山灰首先席卷那不勒斯湾，然后炽热气体的云层笼罩城市。火山喷发六个小时后，庞贝城的墙壁和屋顶坍塌，居民在火山释放的炽热气体中死亡。

插图 逃亡者花园中发现的尸体铸模。

灾难发生

公元 79 年 8 月 24 日，位于那不勒斯湾上方且距庞贝城和赫库兰尼姆城几公里处的维苏威火山爆发。砾石和火山灰径直扑向庞贝城，整个城市被掩埋在 4～6 米厚的火山灰下，造成约 2000 人死亡。赫库兰尼姆城被掩埋在厚达 20 米的黑色岩浆下面。根据当时的记载，赫库兰尼姆城的居民还来得及逃生，死亡的人数因此少于庞贝城。在逃生时，有些人被困在海滩上，后来尸体才被找到。庞贝城和其他被火山摧毁的城市是独一无二的，不仅因为地点保存完好，还因为有人目睹了整个过程并生动地记录了末日的景象。这个人是罗马作家小普林尼（Pline le Jeune），当时他正在此地陪叔叔老普林尼（Pline l'Ancien）。老普林尼是著名的《自然史》(*Histoire naturelle*）的作者，时任米塞纳罗马海军司令。听到火山爆发的消息后，老普林尼带领舰队奔赴灾难发生地提供救助，但是他自己也因为火山喷出的毒气殉职了。

在城市遭到摧毁前，公元 62 年发生的大地震造成了严重的破坏。所以，城市重建尚未完成，火山爆发又带来了毁灭性的后果。

城市和居民

在庞贝城被摧毁时，城市里有 2 万名居民，市中心被装有防御塔的城墙包围，并保护着约 66 公顷面积的土地。在整个帝国范围内，这是一个规整的中等城市，有由石块铺成的街道和人行道，但在广场附近的路不如通向北部和东部的其余市区道路那样规整。广场位于马利纳门附近，是庞贝非常重要的政治和经济中心。在这个中心广场，聚集着最重要的神庙，如卡比托利欧神庙、家神庙（供奉家庭守护神拉尔斯 [Lares]）、韦帕芗神庙和阿波罗神庙，并且巨大的维纳斯神庙也在附近。其他对于城市运作最基础的机构也在这些神圣建筑的周围，如市政中心大会堂、公共财务部、档案馆、市议会和民会。在广场的周围，还有两个市集售卖种子和食品（最大的市集），也同样重要。在广场东区的一部分，有一座女祭司欧玛什亚（Eumachie）资助的公共长方形建筑，关于它的用途众说纷纭。

庞贝南部设有一系列娱乐场所——剧院、萨莫奈竞技场、音乐堂、体育场，还有伊西斯（Isis）神庙和宙斯・梅利希奥斯（Zeus Meilichios）神庙。不过，圆形剧场和大竞技场距离庞贝市中心较远，但也在城内。

庞贝城的这些建筑保存完好，非常美丽。此外，庞贝城令人惊奇地展现了罗马日常生活中罕见的私密的一面：参观者可以在街道闲逛，欣赏公共浴池和酒馆，并对厕所感到惊讶，而且还可以进入妓院参观。这是真正独一无二的景观，没有人会无动于衷。

对罗马绘画的研究，还展现了庞贝城和赫库兰尼姆城对更好地了解古代世界的重要性。

实际上，在被掩埋城市的别墅墙上可以看到最美丽的罗马绘画，只有罗马城才能够与之媲美。毫不奇怪，关于罗马绘画的科学研究始于 18 世纪，与首次庞贝古城考古发掘同时进行。1882 年，德国学者、考古学家奥古斯特・毛乌（August Mau）对庞贝绘画的类型和风格进行了分类，尽管此后也有很重要的发现，但他发表的分类方式至今仍然是研究庞贝壁画的重要参考。

罗马的艺术家还在象牙或木头制作的雕塑上作画。不过，已发现的画作数量很少，最著名的还是在埃及发现的葬礼肖像。在这方面，古代文献提供了有趣的信息，如在公元 2 世纪保萨尼亚斯（Pausanias）的描述中记载，画家已经在很多载体上作

罗马帝国统治下的城市日常生活

维苏威火山爆发造成了巨大的灾难，庞贝城被弃置遗忘。然而，覆盖在厚厚的火山灰下的庞贝城也因此得到了几乎完美的保存，也使得这场悲剧变得极其有名。因此，庞贝古城遗址提供了有关罗马中型城市生活的宝贵信息。火山灰迅速掩埋了庞贝城，城市中的公共建筑和私人建筑的结构以及日常生活中的许多其他方面，如食物、器皿、当时的家具和衣物等都完整保存下来，可供详细研究。

别墅 坎帕尼亚气候温和，风景优美，吸引了许多贵族家庭前来。为了逃避在罗马生活的压力，他们纷纷在庞贝购置房产。宏伟的庞贝别墅（如上图所示的梅纳德之家），拥有中庭、花园、柱廊、壁画和马赛克镶嵌画，是特权阶层生活的无声见证。

浴场 与所有罗马城市一样，庞贝城的浴场是社交生活的中心。广场的浴场分为男浴场和女浴场，并设有更衣室、冷浴、温浴和热浴。

插图 热浴和罗马人使用的大理石浅浴盆。

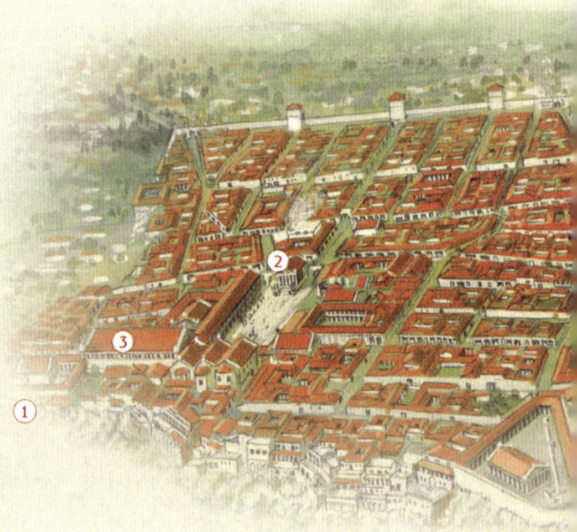

娱乐场所——妓院 嫖娼是罗马城市男性娱乐生活中鲜为人知的一面。庞贝城有一座在火山爆发中幸存下来的建筑，这是一所著名的妓院，位于广场东边。有证据表明，庞贝城至少还有35座妓院。妓院内部被分成小房间，装饰着色情壁画。

店铺 商店（拉丁语写作tabernae）为日常生活提供产品和服务，有酒窖、水果蔬菜店、肉店、陶器店、面包店和理发店。

插图 拉雷尔小馆的柜台，刻在石头上的菜单显示这里供应“鸡肉、鱼肉、猪脚、火鸡和野味”。

运动场所 庞贝城有好几处运动场所，市民可以在萨莫奈体育场、大体育场或者斯塔比浴场进行锻炼。这些运动场所的存在，表明了希腊文化的深远影响。图中的四面廊柱建筑是尼禄时期投入使用的角斗士训练场。

①**维纳斯神庙** 穿过玛利纳门，迎面就是这座被廊柱围起来的宏伟建筑——维纳斯神庙，这是庞贝城规模最大的祭坛。庞贝城以守护女神维纳斯的名义建造了这座神庙，以示庞贝人对维纳斯（Vénus）的虔诚。

②**朱庇特神庙** 这座宏伟、独立的建筑建在3米高的台基上，是广场上最高的建筑。朱庇特神庙最初供奉朱庇特（Jupiter），后来也供奉女神弥涅尔瓦（Minerve）和朱诺（Junon），卡比托利欧山上的“三神圣殿”由此诞生。

③**柱廊大厅** 柱廊大厅长50多米，主入口面向广场，是这座城市最雄伟的建筑之一。它起初被当作市场，公元1世纪起成为法院所在地。

④**大剧院** 庞贝大剧院可容纳约5000名观众，并在巧妙的檐篷系统的保护下可免受阳光照射。大剧院不远处是音乐厅，供演奏音乐和哑剧表演使用。

⑤**圆形剧场** 圆形剧场始建于公元70年左右，是保存至今的罗马最古老的建筑之一。它可容纳20 000名观众，观众可通过外部坡道进入看台，而这是它与其他同类建筑的不同之处。

广场 庞贝中心广场长 38 米、宽 157 米，四周是廊柱，旁边是大教堂和阿波罗神庙。

画，但这些载体容易腐烂，所以很少有画作能遗存下来。另外，罗马帝国时代两个作家的作品对于了解罗马绘画同样很关键：一个是维特鲁威（Vitruve），他在《建筑十书》（*De architectura*）中研究了绘画的技术；另一个是老普林尼，他在《自然史》中关注这些艺术表现的起源。

庞贝风格

第一种风格，也称镶嵌风格，出现于公元前 2 世纪。这种绘画技术不是罗马人发明的，而是对古希腊形式、品位和技术的模仿。壁画重现了一些建筑要素，尤其是用灰泥和颜料模仿昂贵的彩色大理石板。墙壁一般来说被横向分成三部分，上有灰泥挑檐；画是在彩色石板上作的，然后镶嵌在墙上，并在整体上加入了更多的现实感。这种类型艺术创作的例子，可以在庞贝城的银婚之家、萨罗斯特之家、农牧神之家中欣赏到。

第二种风格，或称建筑风格，出现于公元 1 世纪左右，一直延续到公元 2 世纪之

维纳斯之家

庞贝古城是一个罕见的充满宝藏的考古遗址，这里发现了大型家庭住宅，可以探索和欣赏富裕的罗马家庭传统房屋。这些房屋是不同时期建造的，最早的建于公元前 4 世纪，最近的建于公元 1 世纪。研究庞贝城的住宅，可以观察到不同的类型。多变的类型源于两种主要因素的自由组合：中庭（廊柱环绕的小庭院）和前庭（廊柱环绕的大花园）。中庭和前庭是房屋光线和新鲜空气的主要来源，并连通餐厅、卧房和仆人的居室，家庭生活就围绕着这两个开放的空间进行。客厅是庞贝城住宅的最主要的房间之一，在中庭和前庭之间通常有供奉守护神拉尔的祭台，家庭里最重要的文件和物品也都放在这里。同时，房屋中最精美的艺术品通常集中于客厅、中庭和前庭。

插图 左图，著名的维纳斯之家的前庭，该住宅的命名来源于花园中一幅绝美的维纳斯女神像；下图，维纳斯之家花园中的维纳斯女神像。

保存完好的马赛克镶嵌画

庞贝城的马赛克镶嵌画可与壁画相媲美，用于装饰房屋地板和公共建筑，有些甚至是古代世界保存最完好的画作。

插图 左图，音乐家在准备音乐会；下图，骷髅头、蝴蝶、水平仪和车轮构成了令人印象深刻的组合，上面刻有铭文“死亡面前众生平等”。

前。这种风格的主要特点是运用大量的透视和阴影技法，取代之前使用的镶嵌，展现了一些建筑艺术元素。建筑艺术风格的发展使画作更加复杂，尤其是在一面墙上表现出多种透视效果。最后，其他元素也被加入这些复杂的表现方式中，如田园风景、庙宇和圣所以及人像，给观众一种错觉，使墙面变成了一扇扇通往外部世界的窗户，仿佛通过窗户在看景色。这种风格经常需要用到光影技巧以及观众的错觉，因此这种技巧多通过多种足以乱真的日常用品来表现。

在罗马，这些高质量的艺术作品在帕拉蒂尼山的怪兽之家、奥古斯都之家、利维亚之家和法尔内西纳别墅中都可以见到。在庞贝城及其周边，最漂亮的绘画保存在博斯科雷亚莱的法尼尤斯·希尼斯特别墅、庞贝城的神秘别墅和附近的奥普隆蒂斯城遗址中。

第三种风格，被称为装饰风格，在公元前 20 年—公元 20 年之间发展起来，跨越奥古斯都统治的大部分时期和提比略统治的初期，但有一些人认为该风格最终结束在 20 世纪

神秘之家壁画

这幅 17 米长的壁画是重要的古代艺术作品，画中有 29 个人物，描述了一个女人参加狄奥尼索斯（Dionysos）的秘密仪式。

40—50 年代之间。装饰风格的特征是放弃障眼法和视觉技巧，壁画底色是典型的统一的白色、红色或黑色，上面描绘精致的乡间生活景象或神话故事和埃及样式的图案。这种风格的主场景不是为了模仿从开着的窗户望出去的景象，而是像一块地毯或者一幅挂在墙上的画。其中，最著名的作品是庞贝博斯科特雷卡塞镇的皇家别墅。

第四种风格，被称为奇异风格或魔幻风格，运用了更加多样的形式、图案和技法。一般认为，这种风格承续了上一时期风格的显著形式特征，在一个中性的、统一的底色上铺陈繁复的人物肖像、图画、风景、花饰和奇异的建筑元素。其中，最著名的作品可以在两个府邸见到：罗马城的尼禄黄金宫殿和庞贝城的维苏威火山之家。

维苏威火山爆发后，庞贝和坎帕尼地区的城市永远停止了发展，因此人们对公元 79 年之后的罗马绘画了解很少。在意大利和其他行省，大部分存留下来的艺术作品属于第二种风格和第四种风格，但是组合简单，装饰不那么繁复。

阿尔勒竞技场

图密善在罗马城市阿尔勒建造了这个竞技场，是纳博讷高卢省最大的竞技场之一，最多可容纳 25 000 名观众。

插图（右侧） 岩石上的密特拉（Mithra）大理石雕像，出土于达契亚城市萨米泽格图萨。现藏于德瓦达契亚与罗马文明博物馆。

图密善的统治

提图斯死后，图密善顺利登上罗马帝国的王位。图密善延续了父兄的施政方针，在位期间采取了一些善政措施，但最终被他的残暴所掩盖。图密善的专制政策，尤其是对元老院的蔑视，导致他最后被谋杀，且在位期间的一切记录均被抹杀。

公元 81 年，图密善被任命为帝位继承人的时候，已经对罗马帝国的政治以及如何行使权力了然于胸。尽管图密善从未和父亲韦帕芗共同治理过帝国，但作为弗拉维家族最年轻的一员，他已经担任了不少高级职务，并在韦帕芗和提图斯的统治时期已声名显赫。图密善曾获得“恺撒”头衔和“青年领袖”称号，在韦帕芗统治期间 6 次担任执政官，还是所有祭司团的成员。另外，在公元 69 年 12 月维特里乌斯倒台和公元 70 年秋父亲韦帕芗到达罗马的过渡时期，图密善身在罗马首都代表家族的权威。

图密善独揽罗马帝国最高统治大权，给他继承的皇权赋予了专制色彩。图密善承续了父兄的施政风格，同时也大大地超越了帝国政府的界限，而如何处理与元老

弗拉维王朝第三位皇帝图密善统治年表

公元81年

登基 提图斯死后，图密善登上王位，对帝国行政的运行了如指掌。

公元83年

打败夏登人 图密善继续在莱纳涅边境推行和平政策，并取得两次军事胜利。

公元84年

格劳庇乌山战役 统帅阿古利可拉（Agricola）在苏格兰打败了喀里多尼亚人的军队，镇压了不列颠岛的反对势力。

公元85年—公元88年

达契亚战争 罗马人在泰佩战役中打败德西巴尔。

公元88年

安东尼·萨图尔尼努斯（Antonius Saturninus）叛乱 日耳曼发生军队叛乱，因此图密善未能享受到达契亚战争中的胜利果实。

公元96年

图密善遭谋杀 图密善统治后期，与元老院交恶，并导致被谋杀。

院的关系是他与弗拉维王朝前两位统治者最大的不同。图密善一反父亲韦帕芗的谨慎，手握王权肆意妄为。在处理与元老院成员的关系上，图密善丝毫没有兄长提图斯展现出来的外交智慧和善意，很快表现出了他专制君主的一面并自称“善君”。图密善把正义和公平置于一切之上，元老院的成员们不得不痛苦地接受帝国法律给他们带来的严厉惩罚。

图密善刚刚上台就和元老院关系紧张，他不顾前任君主谦逊的传统，自封了很多头衔和荣誉。例如，图密善的护卫队按照独裁者的规制共有 24 位侍从官，而执政官的护卫队只有 12 人。图密善掌权后，几乎霸占了执政官职位，但他并不总是履行执政官的职责。公元 85 年，图密善宣布自己为终身监察官，对元老们造成了沉重的打击。这样一来，图密善可以任命新的元老院成员，并对罗马社会和习俗加以控制。图密善把顾问团成员换成他的朋友和心腹，他们来自社会各个阶层，虽然他们遭到了元老院阶层的排斥，但元老们的实际作用和行动能力却被大大削弱了。图密善热衷制造荣誉，他用纪念其在日耳曼战役胜利后于公元 83 年采用的绰号“日耳曼尼库斯”将 9 月更名为“日耳曼尼库斯月”，又把 10 月重新命名为“图密善月”。

为了纪念自己的荣耀，图密善在罗马建造了大量的雕像和建筑，可见他已经摒弃了从奥古斯都时代以来适度的共和倾向。图密善在罗马广场竖立起巨大的骑马雕像，纪念他在日耳曼和达契亚的胜利，这引起了元老院成员们的激烈批评。这尊雕像的底座长 11.8 米、宽 5.9 米，看起来非常壮观。当然，图密善绝不容忍元老院阶层哪怕有丝毫的叛乱念头，这无疑是他最遭憤恨和蔑视之处。很多罗马贵族被流放或判处死刑，死在图密善手上的就有 14 人，其中有他的堂表亲提图斯・弗拉维乌斯・萨比努斯（Titus Flavius Sabinus）和提图斯・弗拉维乌斯・克莱门斯（Titus Flavius Clemens），后者是弗拉维乌斯・萨比努斯（韦帕芗的兄长）的孙子。弗拉维乌斯・萨比努斯是图密善的伯父，在维特里乌斯的支持者围攻卡比托利欧山时曾和他一起藏身朱庇特神庙。尽管图密善最初奉行兄长提图斯对告密者的惩罚政策，但后来他大兴告密之风，利用告密者揭发反对自己的人，并没收被告人的财产以供己用。

在图密善众多头衔中，最后一个据说是他试图自称“主及神”，而这个头衔可以使他与奴隶的“主和神祇”平起平坐。然而，这个说法是古代文学文本中出现的，并不被现代史学所承认，因为没有任何碑文、古币或者考古材料支撑这个说法。这应该是一件刻意编造的轶事，而这说明古代文献虽然对忠实地重构图密善的统治不可或缺，但对其中有关图密善人格的描述却应该仔细考辨。

“秃头尼禄”

图密善不仅专制而且试图越过元老院行使绝对权力，这深刻地影响了文学作品对他的叙述，并在讲述他的故事时人都抱有敌意。此外，图密善死后被处以“记录抹杀刑”，他的名字从许多建筑和铭文中被抹去，因此文献的缺乏也导致对他的公正评判变得更加复杂。

除了向着弗拉维家族说话的历史学家弗拉维乌斯・约瑟夫，所有流传下来的文学作品，譬如马尔提阿（Martial）在图密善活着时写的讽喻诗以及史塔斯（Stace）的著作等，都无一例外地把图密善刻画成一位令人深恶痛绝的、独断荒淫的君主，认为他理应被全部抹杀或者被树立成反面典型以警示未来的帝国统治者。因此，人们把图密善看作提比略、卡利古拉和尼禄之流的坏皇帝。尤维纳利斯（Juvénal）

写了笔锋锐利的讽刺诗，将图密善和尤利乌斯·克劳狄乌斯王朝的末位皇帝尼禄相提并论；由于图密善饱受脱发之扰，尤维纳利斯称他为“秃头尼禄”。然而，这些对图密善的看法和批评都来自以贵族为代表的一小部分人。简言之，这一小部分特权群体受到了图密善的残酷迫害，固有的特权被剥夺并被逐出权力中心，他们对皇帝的谩骂、抨击可看作是一种报复的方式。

元老院成员们对图密善的仇恨还另有一层深意。他们谋杀了弗拉维王朝的最后一位皇帝图密善以让后来者顺利登基，因此他们希望继位者能够将自己的地位合法化。无论是涅尔瓦还是图拉真甚至是哈德良，

他们都不反对严厉批判图密善的作品出版，而这些数量众多的作品无疑对他们有利——图密善的恶行正好可以衬托他们的功绩。图密善死后，图拉真和哈德良在位期间，塔西佗、小普林尼和苏埃托尼乌斯都在作品中公开批评图密善。塔西佗在《罗马史》中有关弗拉维王朝的部分内容已经佚失，无法得知他对图密善的详细描述。但是，通过保存下来的内容中塔西佗对图密善的评论，特别是对韦帕芗返回罗马前年轻的图密善代父执政的表现的批评，可以看出历史学家塔西佗尽管是在弗拉维王朝的统治下飞黄腾达的，但他仍然对图密善持严厉批评的态度，而这种态度很有可能

图密善出征

罗马文书院宫浮雕（1937—1939 年出土于罗马文书院宫）之一，中楣表现了图密善准备出征。尽管图密善被同时代人视为糟糕的战略家，但他在士兵中很受欢迎。图密善与士兵并肩作战了三年，并给他们提高了军饷。此浮雕现藏于罗马梵蒂冈博物馆。

是因为他想要和自己曾经支持过却未得到认可的统治者拉开距离。

塔西佗在《阿古利可拉传》(*Vied'Agricola*)中指责图密善是一个糟糕的战略家(这个论断从各个方面看都是错误的),他嫉妒阿古利可拉(Agricola)——作品的主人公,也是作者的岳父——在抗击喀里多尼亚人战役中的胜利,使后者的仕途迅速黯淡。最新研究表明,有确凿的证据证明图密善和阿古利可拉是好友,塔西佗的说法根本站不住脚。

在《图拉真颂词》(*Panégyrique de Trajan*)和《书信集》(*Lettres*)两部作品中,小普林尼安排给图密善的角色是站在新帝图拉真的对立面,而傲慢、卑劣、残暴、贪财和毫无美德的图密善被用来反衬图拉真的每个行为、特质或诺言。与塔西佗一样,小普林尼在书中讥讽图密善,但他本人也是在弗拉维王朝统治期间步步高升的,甚至还被擢升为提图斯皇帝的祭司。

哈德良统治时期,苏埃托尼乌斯出版的《图密善传》(*Vie de Domitien*)是迄今为止篇幅最长的关于图密善的叙述,也极为严重地影响了他的声名。然而,《图密善传》一书中却处处充满了矛盾。在苏埃托尼乌斯的笔下,皇帝图密善时而尽职尽责、善解人意、节制温和,时而邪恶堕落、残酷无度。苏埃托尼乌斯在讲述图密善时加入了各种恶意的故事,如图密善和提图斯兄弟阋墙,杀死苍蝇取乐,还有他的淫荡和残暴。

图密善死后,在整个公元2世纪—公元3世纪,对于他的偏见和负面评价铺天盖地。狄奥·卡西乌斯是塞维鲁家族统治期间的元老院成员和著名历史学家,他的观点与

皇帝图密善

身着军服的图密善大理石雕像,现藏于罗马梵蒂冈博物馆。理论上,在罗马,"皇帝"(Imperator)头衔是为那些战功赫赫的人保留的。

纳沃纳广场(第61页)

由图密善在战神广场上建造,用于举办体育比赛。如今,罗马的这座著名广场仍然保留着原来的布局。

帝国行政中的骑士

奥古斯都建立了骑士担任监察官和行政长官的制度，但前几任皇帝都是通过依靠自己的获释奴和内勤来亲自管理帝国政务的方方面面，如内阁。从弗拉维王朝时期开始，这些职位交给了骑士担任。

因此，骑士阶层成为第二大辅佐集团（第一辅佐集团是元老），并在日益集权化的政府中担任公职。元老们垄断了最炙手可热的职位，但骑士阶层仍然担任一些重要的职务，如埃及等行省的行政长官、粮食补给督办，还有近卫军长官。监察院中骑士的职位是根据他们的薪俸安排的，分别有领取 6 万塞斯特斯（青铜币）、10 万塞斯特斯、20 万塞斯特斯、30 万塞斯特斯的骑士。

插图 葬礼碑刻上游行的萨利（salyen）骑士，现藏于罗马国家博物馆。

苏埃托尼乌斯无异。在评述图密善时，狄奥·卡西乌斯开头便写道："图密善寡廉鲜耻、性情暴躁，且不止于此。他时而冲动，像闪电一般劈中受害者，并将他们严刑处决；时而狡诈阴险，用诡计折磨他们。"

除了这几位罗马学者的文字，在图密善统治期间遭到迫害的基督徒也留下了诸多文学作品，他们刻画的皇帝图密善的形象同样是恶劣不堪的：图密善试图使民众尊奉帝王崇拜，他在以弗所建造了巨大的图密善神庙，强迫民众像敬神一般向自己致敬；图密善的所为与基督教信仰的做法背道而驰，被认为是渎神行为。使徒约翰（Jean）的《启示录》（*Apocalypse*）应该是以此为历史背景撰写的，书中的基督教徒被迫敬拜的"野兽"很可能正是指代图密善本人，虽然有人认为指的是尼禄。按照拉克坦提乌斯（Lactance）的说法，基督徒将图密善视作他们的死敌，认为他是罗马有史以来最糟糕的皇帝之一。

毫无疑问，历史文献中的图密善的形象被严重歪曲了，以至于如今多数历史学家认为皇帝图密善的性格和个性难以辨明。现今史学界承袭特奥多尔·蒙森（Theodor Mommsen）和纳德·赛姆（Ronald Syme）等学者的传统，倾向于谨慎地阐释文献资料，避开毫无根据的带有诽谤和辱骂色彩的轶事，尝试更加公正、完整地重构图密善在位期间罗马帝国的历史。布赖恩·琼斯（Brian W. Jones）是最近为图密善作传的作者之一，用他的话说，"这一必要的修正重新确立了图密善的形象—— 一位专制却有能力的统治者"。

图密善金币

金币背面是图密善乘坐凯旋战车。传说，"日耳曼尼库斯"正是为了纪念图密善在日耳曼取得的胜利。

帝国的行政管理

与亲元老院的批评家所声称的相反，图密善十分关心如何保持罗马帝国的正常运转。在这方面，苏埃托尼乌斯很罕见地称赞了图密善："他竭尽全力使罗马和各省的政务官各司其职，这些官员比在任何时期都温和、公正。"碑文和考古发现证实了这个论断。证据表明，在弗拉维王朝末位君主图密善的统治期间，罗马帝国的发展欣欣向荣。

据这些文献记载，皇帝图密善认真、细心，尽可能事必躬亲，如果认为行省官员的决策不恰当，便会亲自过问。作为罗马帝国的统治者，图密善坚定、威严，按时征税，对地方政府随意的决策绝不容忍。因此，图密善对罗马帝国的行政事务显示出特别的关注也就不足为奇了。图密善大力起用骑士和监察官阶层，开启了漫长的官僚体制和帝国行政发展进程，并被公元 2 世纪在位的“好皇帝”们沿袭下来。

在罗马帝国的西方，西班牙再次成为被关注的中心。韦帕芗授予伊比利亚半岛所有行省拉丁公民权，承认当地领导者的罗马公民身份，促进了这一地区的罗马化，并将最富有、最强大的西班牙人纳入帝国的行政和政治之中。根据韦帕芗颁布的法令，部分市镇将升格为“地方自治体”，并需要一套法律框架来组织政治和经济生活。图密善继续推行父亲韦帕芗的政策，勉力制定了相关的文件，确立了这些新的特权城市的地位，而其中一些规范——尤其是与萨尔彭萨（今乌特雷拉）、马拉卡（今马拉加）和伊尔尼（今阿尔加米塔斯，位于塞维利亚行省）有关的规范——的影响延续至今。

图密善的行政成效也扩大到了帝国的东方。从对希腊世界的政策来看，图密善亲近希腊，关心传统制度和习俗，并热切期望希腊地区的活力能够使国家受益。在帝国的东方，特别是在小亚细亚，图密善再次修改了几个城市的法律地位，亲自管理阿弗罗狄西亚、林佐斯、墨加罗波利斯、斯特拉托尼西亚、以弗所等几个城市的众多工作。几个世纪以来，希腊众多城邦以阿波罗神庙为中心建立了近邻同盟。图密善命人在德尔菲修复了这所负有盛名的神庙——阿波罗神庙，并裁定了威胁希腊城市神圣联盟的内部冲突。图密善在雅典的积极活动表明，他关心帝国东方的良好运转，并在那里担任首席政务官之一，即“名年执政官”。当时，最有影响力的人物希帕求斯（Hipparque）指控图密善实施暴政，图密善毫不犹豫地惩处了他，并没收了他的财产。

为了改善罗马帝国的行政管理和经济状况，图密善还非常重视农业和农民。韦帕芗曾试图收回行省市镇非法占用的土地，但此举引发了一场经济危机。图密善则反其道而行之，他允许自治城市管理这些土地财产，从而极大地改善了他们

的经济能力。

图密善最具标志性的措施之一，是在公元 90 年—公元 91 年间颁布的葡萄酒法令，初衷也是为了更有效地管理土地。法令规定，禁止在意大利种植葡萄，同时下令毁掉行省的部分葡萄种植园。这是唯一一次在整个罗马帝国施行的法令。一般认为，图密善通过法令压制外省农民，保护意大利农民。但恰恰相反，由于地中海地区开辟了大量的葡萄园，导致土地使用单一，谷物种植减少，而图密善的法令正是为了防止饥荒出现。

由于图密善的善政，一项广泛的、慷慨的公共慈善政策得以实施。皇帝图密善向罗马平民捐献大笔款项，因而

罗马阿弗罗狄西亚体育馆

阿弗罗狄西亚是位于卡里亚（今土耳其境内）的一个希腊小城，是罗马君主发起的公共工程建设的最大受益者之一。这座体育场的大小为长 262 米、宽 59 米，可容纳 30 000 名观众，是地中海地区保存最完好的体育场之一。

弥涅尔瓦

罗马化的希腊雅典娜女神，代表智慧、战争艺术和工匠。罗马人于3月18日—23日庆祝弥涅尔瓦的节日，但是笛手们将敬拜日定在6月13日。

插图 这尊镀金条纹大理石弥涅尔瓦雕像可追溯至公元2世纪，并在近代进行了修复。现藏于巴黎卢浮宫博物馆。

皇帝和维斯塔贞女

图密善本人荒淫暴虐，但他采取了一些捍卫道德的措施，其中包括整肃婚姻法和惩处违背誓言的维斯塔贞女。

图密善两次将维斯塔贞女绳之以法。根据罗马法，大祭司这个宗教职务一直由皇帝垄断，而大祭司负责监视贞女的行为，对任何越矩施以惩罚。图密善上台不久，三名贞女被指控违背贞操誓言，皇帝以宽容的姿态让她们自己选择处决方式，而她们的情人则无一例外地被判流放。第二次审判针对贞女科妮莉娅（Cornelia），很显然她是被错误地指控了，但图密善坚决判处将她活埋，而这是惩罚她们失贞通常所采用的方式。贞女科妮莉娅的所谓情人，除了一名承认了过错被流放外，其余均被殴打致死。根据巴尔托洛梅奥·皮内利（Bartolomeo Pinelli，1781—1835）的绘画，意大利雕刻家吉奥斯佩·莫彻提（Giuseppe Mochetti）把这个场景永恒地记录了下来。

他便以“人民慈善家”的身份自居。图密善三次向人民赠款，每人300塞斯特斯（青铜币）。此外，图密善还出钱举办了好几次公共宴会。图密善不仅新创了一些庆典，特别是纪念智慧女神弥涅尔瓦（Minerve）的节日，而且还新创了一些卡比托利欧游戏。同时，图密善也没有忘记经常组织角斗士比赛，还有他非常喜欢的战车比赛，甚至把二马战车换成了四马战车。为了举办这些活动，罗马市政工程建设也大力发展起来。

罗马的帝国计划

在不到二十年的时间里，罗马经历了一次内战，遭遇了两场大火（公元 64 年尼禄统治期间和公元 80 年提图斯统治期间），城市建筑损坏严重。因此，图密善继续执行韦帕芗和提图斯的促进发展政策。实际上，在独裁的性格、做善君的愿望以及对人民福祉的关心等方面，图密善甚至超越了他的父兄。

图密善雄心勃勃地进行城市建设，他是在罗马留下个人印记的皇帝之一。图密善发起了一场

弗拉维宫——罗马帝国宫殿

罗马人称帕拉蒂尼山是养育罗慕路斯和雷穆斯的野狼居住的山丘，这块飞地中已经发现了城市最古老的建筑。在共和国时期，许多罗马贵族居住在距离广场不远的帕拉蒂尼山，并在山鞍部建造了别墅。到了帝国时代，君主们逐渐占领了这座山丘。图密善在此建造了巨大的宫殿，并成为罗马皇帝的宫邸，直到帝国灭亡。于是，帕拉蒂尼就代指矗立在山丘上的宫殿。图密善建造的宫殿在古代被称为奥古斯塔纳宫或帝王宫，分为三部分：弗拉维宫，由当代学者命名，指的是建筑群的公共区域；奥古斯塔纳宫，即建筑物的私人府邸部分；体育场。其中，私人府邸部分保存得不好，仅有可以进入体育场的地下区域。这座巨大的宫殿群占地约 40 000 平方米，由帝国建筑师拉比里乌斯（Rabiriu）设计。

奇妙无比的碎石镶嵌石板

弗拉维宫使用华美的马赛克镶嵌画装饰宽阔的餐厅地面，其中最美丽的部分至今仍得以保留。马赛克镶嵌画使用碎石镶嵌技术制成，切割不同颜色的大块大理石板构成动物、花朵或人物形象。这种技术与细木镶嵌相似（如左图所示），碎石镶嵌是统一的且几乎是几何式的切割。罗马的其他马赛克技术，如源于埃及的马赛克镶嵌，使用微小的镶嵌物绘制细微的图形、柔和的轮廓和极其复杂的构图。马赛克是罗马人装饰公共建筑和私人府邸的豪华装饰。

宫殿的公共区域沿南北轴线展开，中心是巨大的前庭，内有喷泉；两边是最重要的两个厅——圆厅和宴会厅。

❶**入口门** 入口门的北部通向一座巨大的石砌广场，尽头是门廊，由此可进入宫殿的各个大厅。

❷**拉尔** 长期以来，拉尔被视作圣所。一般认为，它可能是弗拉维宫的门厅，由近卫军保护。

❸**圆厅** 圆厅是皇帝主持仪式典礼的官方大厅，这个宏伟的大厅高约30米。

❹**长方形柱廊大厅** 通过廊柱可分为三个殿所，最后是半圆形后殿。一般认为，这里是供皇帝使用的地方，也是皇帝顾问委员会所在地。

❺**隐廊** 通过长方形柱廊大厅的部分楼梯可进入隐廊，这是尼禄修建的一条连接金宫和帕拉蒂尼的其他宫殿的地下通道。

❻**前庭** 位于弗拉维宫中心，“由无数圆柱支撑，并能在擎天神阿特拉斯（Atlas）休憩的时候支撑天空和天上的居民”（史塔西[Stace]）。

❼**宴会厅** 这个豪华的宴会厅在宫殿最南边，用大量不同颜色的大理石装饰。

❽**圣水池** 宴会厅两侧有圣水池和献给仙女的喷泉。圣水池是椭圆形的，位于侧边的接待室背靠宴会厅。

弗拉维宫遗址 被掩埋的地方令人联想到宫殿群的壮美景象，而帝王宫殿遗迹仍旧令人叹为观止，正如小普林尼所说，它配得上“一个征服世界的国家”。

阿格里戴克美特与日耳曼长城

阿格里戴克美特是由美因河遗迹莱茵河和多瑙河的源头形成的三角形区域，这是罗马人在莱茵河右岸唯一征服并控制的地区，归属高地日耳曼行省管理。

控制这一战略地区后，高地日耳曼和雷蒂亚之间的敌对区域也纳入其中，大大减少了边境长度和防御部队的数量。弗拉维王朝统治时期，尤其是在图密善掌权时，阿格里戴克美特被纳入帝国版图。与日耳曼城墙的其他地方一样，阿格里戴克美特的军事防御由大型军团堡垒、小堡垒和高级堡垒交替构成，偶尔有连续的城墙。

插图 右图，德国黑森州祖格曼特尔附近日耳曼边境墙瞭望塔；左图，图密善的大理石半身像，现藏于罗马卡比托利欧博物馆。

大规模的重建运动，修复了几年前毁于灾难的建筑，包括马克西穆斯竞技场、尤利娅元老院会场、奥古斯都神庙、罗马广场图书馆，以及贞女之家、卡斯托尔和波吕克斯神庙、恺撒广场、西里欧山侧的卡佩纳门、阿波罗神庙、帕拉蒂尼山图书馆、万神殿、阿格里帕浴场、屋大维门廊、朱莉娅广场、伊西斯神庙、塞拉皮斯神庙、战神广场上的巴尔布斯剧院。卡比托利欧山上的朱庇特神庙在公元 69 年被损坏，韦帕芗重建之后又在公元 80 年遭遇大火，图密善在位时再次下令重修。仅仅这些工程

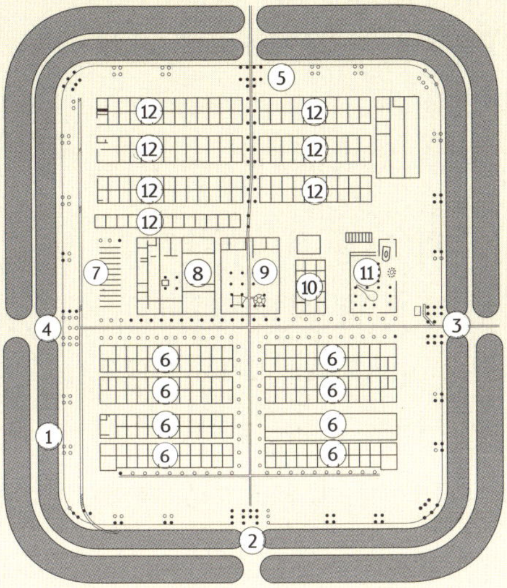

①要塞 ⑦仓库

②正门 ⑧总督府

③左要门 ⑨司令部

④右要门 ⑩医院

⑤德库马纳城门 ⑪工作间

⑥军营 ⑫军营

的修复和重建就花费了大量国库财产（单是给神庙镀金的费用就高达 28 800 万塞斯特斯），由此也可以看出图密善对帝国首都市政工程建设的重视程度。

图密善还着手完成韦帕芗和提图斯在位时期开建的工程，完成了弗拉维圆形剧场（罗马斗兽场）的建设。圆形剧场在完工之前就举行了两次建成典礼，剧场内规划了周全的房间和地下走廊，保证了建筑的良好运行。同时，图密善还下令在罗马斗兽场附近建造了包括卢杜斯·马格努斯在内的几所角斗士学校。此外，提图斯浴场也是在图密善在位期间竣工的。最新考古研究表明，提图斯凯旋门是在图密善统治期间动工的，罗马广场上的韦帕芗神庙和卡比托利欧山侧的提图斯神庙的建造也始于这个时期。

图密善还大兴土木，因为新的建筑有一举两得之利：在宣扬自己和皇室的显赫功绩的同时，还给民众创造了娱乐场地。建筑的数量之多令人瞠目，包括战神广场上修建的音乐堂和体育场，其在著名的纳沃纳广场都能看得到；献给提图斯和韦帕芗的迪沃鲁姆柱廊式神庙；纪念公元 93 年打败萨尔马提亚人凯旋后的幸运女神福尔图娜神庙；奎利那雷山上的弗拉维王朝神庙；罗马斗兽场附近的圆锥水泉；台伯河岸开挖的海战表演场；还修建了好几个仓库存储香料和谷物，以保证罗马的粮食供应。

在各种庞大的建筑工程中，最成功的仍然是皇家广场群区域的重建。为纪念最喜爱的女神弥涅尔瓦，图密善建造了一座广场——后来被称为转型广场或弥涅尔瓦广场，这座广场将韦帕芗建造的和平广场和图密善建造的奥古斯都广场连接起来。最近研究表明，被视作皇帝图拉真重大成就的图拉真广场其实也是在图密善统治期间动工的。不管如何，当帕拉蒂尼山上一座巨大的宫殿拔地而起的时候，图密善大兴土木的狂热达到了顶峰。这座宫殿包含了从前的提比略宫，并且扩建了附属的建筑物，直至占据了几乎整个山顶。这座雄伟的建筑分为两层，包括数个花园庭院、柱廊大厅、体育场和众多房间，成了罗马皇帝的宫邸。

除了巨大的建筑物外，图密善还建造了很多雕像，这些雕像大多是他自己的形象。图密善还建造了很多拱门和祭坛，也以纪念公元 64 年一场部分烧毁罗马的大火为名建造了火神祭坛。这些雕像、拱门和祭坛将罗马城装点起来，其中最重要的是罗马广场上竖立的图密善骑马雕像。

图密善主持的庞大公共工程并不局限在罗马城内，他在意大利其他地区和帝国行省也开展了众多工程。这些工程有的由帝国直接资助，有的则得益于图密善统治期间地中海地区的再次繁荣而募得的资金。

巩固边防

在军事上，图密善在很大程度上也延续了韦帕芗和提图斯的政策。图密善继续巩固帝国边境，建造防御工事，尤其是在他领导了多次战役的日耳曼地区。

与韦帕芗一样，图密善的主要目标是稳定边境，打击帝国的敌人和嚣张的“蛮族”。但是，图密善并没有完全采取罗马传统的做法，而是放弃征战并制定了更能维护国家利益的帝国稳定政策。图密善意识到自己的力量部分取决于军队，便尽力满足军队的要求。其中，最有效的策略之一是提高士兵待遇，因为自奥古斯都时代以来士兵们的军饷就没有变过。图密善将近卫军的薪饷从每年 750 第纳尔（银币）提高到 1000 第纳尔，军团士兵的薪饷从 225 第纳尔提高到 300 第纳尔；辅助大队的待遇也有所提高，骑兵每年能够领取 200 第纳尔，步兵的军饷也增加到了 100 第纳尔。

图密善还毫不犹豫地亲自统领罗马军团，和手下的士兵共同经历残酷的军旅生活。因此，图密善是和士兵共处时间最长的帝王之一。现代史学家认为，通过文学作品流传的所谓图密善是糟糕的战略家的说法是错误的，事实上却恰恰相反，他是一位才能出众并且为军队谋福利的统领。

图密善登基时，莱茵河边境的领土问题最为严重。在公元 83 年和公元 85 年，图密善两次与夏登人作战，但战争的目标并非开拓新的疆土，而是巩固帝国的边境使其安全、畅通，更好地保护内陆的富裕行省。这两次战役都以胜利告终，图密善借此平定了莱茵河右岸。公元 83 年，图密善为自己举办了凯旋仪式，并加封“日耳曼尼库斯”头衔。

这样，图密善实现了父亲韦帕芗巩固莱茵河边境的愿望，而且弗拉维家族划定的边界持续到了王朝统治结束。其实，奥古斯都曾试图在莱茵河两岸设立日耳曼尼亚行省，但没有成功，此后这个地区的领土问题就一直存在。为了在莱茵河地带布防，两个军事化的边界区被确立起来，分别是低地日耳曼和高地日耳曼。图密善授予了这两个边界地区行省的地位，把他们的首府分别建在科洛尼亚·克劳蒂亚·亚拉·阿格里皮内西姆（今科隆）和莫根提亚肯（又译为摩根提亚库姆，今美因茨）。

尤利乌斯·阿古利可拉在不列颠的军事行动

通过尤利乌斯·阿古利可拉的女婿、罗马历史学家塔西佗的著作，我们得以了解阿古利可拉在不列颠的军事行动。阿古利可拉几乎彻底征服了不列颠岛，而一些学者认为他甚至入侵了邻国爱尔兰。除了阿古利可拉的军事力量之外，他的说服力和外交才能在平定不列颠过程中发挥了巨大作用。

公元 77 年，阿古利可拉任不列颠总督，今威尔士北部的奥陶维斯人发动了反对罗马的起义。阿古利可拉立刻投入战斗，成功地镇压了起义。随后的几年里，阿古利可拉入侵英格兰北部和今苏格兰南部。公元 84 年，在格劳庇乌山战役中，阿古利可拉大败勇猛的喀里多尼亚战士。据文献记载，有 10 000 名喀里多尼亚人失去生命。阿古利可拉还派罗马舰队去侦察不列颠群岛北海岸，虽然历史学家对这次舰队行动的细节意见不一，但阿古利可拉的目的已经达到，他确认了大不列颠的岛国状态。

在将阿格里戴克美特纳入罗马帝国领土之后，该处边境得以整体上确立。至此，罗马帝国完成了广阔的边境线布防：在日耳曼，边境线沿莱茵河展开；在雷蒂亚，阿格里戴克美特与多瑙河相连。庞大的道路网也修建起来，方便了军团纵队行军，不仅大大提高了罗马的防御能力，而且使他们能够在敌人领土上发动进攻。

与此同时，尤利乌斯·阿古利可拉继续在不列颠作战。罗马帝国从不列颠岛上获得的利益，远少于对该地的投入。以喀里多尼亚人为首的岛屿北部的人不屈不挠地与罗马侵略者作战，但最终于公元 84 年在格劳庇乌山战役中被打败。但是，阿古利可拉没能巩固他在公元 78 年—

德西巴尔

图拉真凯旋柱上的浮雕，纪念达契亚与罗马的战争。战争期间，达契亚国王德西巴尔（Décébale）带领士兵进入一座要塞。

下图 同时期一枚塞斯特斯银币，背面是凯旋者图密善。

公元 84 年取得的战果。据塔西佗所说，图密善嫉妒阿古利可拉的胜利，命令他终止在不列颠的战斗。实际上，在帝国的军事目标中，不列颠屈居次位，频频遭到达契亚人侵扰的多瑙河边境更需要帝国的军队。公元 85 年，美因茨的罗马长官奥皮乌斯·萨比努斯（Oppius Sabinus）就在与达契亚人的战争中遭到伏击而丧生。

多瑙河边境局势十分紧张，图密善亲自率军征战。公元 85 年，罗马在几次战争中均获得胜利。当图密善刚刚出发回罗马准备参加他的凯旋仪式时，达契亚人就打败了科尼利厄斯·福斯库斯（Cornelius Fuscus）率领的军团，于是他立刻带接防部队返回战场，并组织在高地美因茨和低地美因茨两个行省修筑边境墙。公元 88 年，坚毅的图密善在与由国王德西巴尔领导的达契亚人的战争中取得了压倒性的胜利。但是，日耳曼军队在安东尼·萨图尔尼努斯（Antonius Saturninus）的领导下起义，起义的军团还获得了夏登人等当地几个部落的支持。因此，图密善没有好好地品尝胜利果实。虽然图密善设法镇压起义，但是公元 89 年潘诺尼亚苏维汇人又发生了暴乱。同年，图密善和德西巴尔签订了停战协议，国王德西巴尔与罗马缔结了保护人关系，但帝国也因此需要向德西巴尔交纳 800 万塞斯特斯（青铜币）的贡赋。这个举措遭到了激烈批评，并且给罗马帝国的经济造成了沉重打击。但是，图密善得以专注解决潘诺尼亚的暴乱。在之后的统治期里，图密善始终在此作战，大批的罗马军团被派往这个从未真正平息的战场。

图密善在位时，罗马军队曾远征毛里塔尼亚和努米底亚。至此，图密善的目光也转向了帝国的东部边境，继续修筑从他父亲韦帕芗统治时期就开始建立的防御工事。

经济政策

图密善掌权期间，由于给军队加薪，在边境修筑防御工事，频繁的军事行动，以及给达契亚国王德西巴尔交纳贡赋，修缮美化罗马城，向平民捐赠，举办奢侈的庆典，因此他不得不面对庞大的财政开支。

关于图密善的政务管理，有多种不同的解释。一些学者称，图密善无力解决罗马的经济问题，巨额的军费开支和其兄提图斯时代背负的债务损害了帝国的经济。

另一些人则认为，图密善死后国库仍然充盈，留给继任者涅尔瓦的资金绰绰有余，后者不但能够轻松应对帝国的日常开支，还能减免一些税收。由此看来，图密善在政务管理方面的表现并没有那么糟糕，也能够保证国家运作所需要的巨额公共支出。

从公元 82 年起，第纳尔（银币）中银的含量有所增加，甚至与奥古斯都时代硬币重量相同。这表明，在图密善统治下，罗马的经济状况良好。虽然在增加了 85 个军团的薪饷之后硬币重量有所下降——与公元 64 年尼禄在位时持平，但仍然高于韦帕芗时期发行的硬币的重量。

所有文献都表明，公元 85 年是帝国经济政策的关键时期。军费开支的增加，迫使图密善采取强力的货币政策并寻求其他收入，促使他改变了有关没收和告密的政策。图密善更加频繁地没收财产，与前任统治者一样经常非法利用告密者来补充国库。图密善自封终身监察官后也采取了其他的措施，不择手段地获取额外收入，如针对奢靡、通奸和伤风败俗的行为制定罚款的法律，而这也为帝国带来了巨额款项。尽管如此，财政成功的原因应该有以下三个方面：其一，图密善亲自对罗马经济实行直接管控；其二，图密善对细微问题的处理和细致考察；其三，最重要的是图密善在税收和各行省治理方面表现出的效率。

通过图密善制定的有关征用的法律可以看出，他关心帝国的良好运行，期望建立一个中央集权体系，拟定贡赋和在行省征税的权力统归中央。在颁给叙利亚行省总督克劳迪乌斯·阿瑟诺多鲁斯（Claudius Athenodorus）的铭文中，图密善指示减轻各省税收负担并确保维护行省特权。铭文表明，行省城市已经丧失活力，无法满足居民的需求，而皇帝图密善的指令应当通达无碍，即只有专制帝王才有权增加新的赋税，没有任何其他人可以压迫他的臣民，正如题词所写——“妨害了农民，土地就荒废了”。

“记录抹杀刑”

图密善统治期间，发生了无数次针对他的阴谋，导致他越来越不信任身边的人，并且加强了镇压措施。在掌权的前十年，图密善就暗杀了提图斯·弗拉维乌斯·萨比努斯（Titus Flavius Sabinus），后者是他的堂兄弟，曾在公元 82 年担任执政官。

图密娅·隆吉娜：谋杀的参与者？

图密娅·隆吉娜（Domitia Longina），公元1世纪中叶出生于一个贵族家庭。父亲格奈乌斯·科尔布洛（Domitius Corbulo）是尼禄时代伟大的军团长官，后来失宠自杀。母亲卡西亚·隆吉娜（Cassia Longina）是奥古斯都的后裔，来自奥古斯都独生女儿大朱莉娅（Julia Caesaris filia）的家庭分支。

图密善爱上了图密娅并设法娶了她，既不管韦帕芗对他所做的其他安排，也不管图密娅的已婚身份，但这桩婚姻提高了家族的“声望”。如果这对夫妇有后代的话，他们的子女将把尤利乌斯·克劳狄乌斯王朝和弗拉维王朝结合起来。已有文献显示，由于图密善的淫荡——他甚至勾引自己的侄女，夫妻之间并非没有过困境。公元83年，二人关系发生了最严重的破裂，图密娅被指控犯有通奸罪并被判流放。图密娅的情人叫帕里斯（Paris），是名年轻的演员。根据狄奥·卡西乌斯的说法，图密善当街亲手杀死了帕里斯，之后宽宥了皇后图密娅。图密娅还是提图斯的情妇，但古代学者在这一点上意见不一。根据文献显示，皇后图密娅参与了谋杀图密善的行动，但她是否是同谋尚无定论。图密善死后，图密娅继续生活了很多年，并始终受到后来皇帝的尊敬。图密娅去世的具体日期无从得知，但应该是在公元126年—公元130年之间。

插图 图密娅的大理石半身像，现藏于巴黎卢浮宫博物馆。

对此，苏埃托尼乌斯认为，这是因为“在执政官选举日，公告人在向人民公布结果时无意中把当选执政官说成了当选皇帝”。当然，这场谋杀也可能与图密善和提图斯的女儿朱莉娅·弗拉维娅的情感有关。然而，高地日耳曼军团长安东尼·萨图尔尼努斯在公元88年起兵谋反，这无疑是最重大的阴谋。元老院对图密善的反对也通过众多哲学家的观点表达出来，其中以斯多葛派最为激烈。图密善多次把哲学家们逐出罗马，自公元93年起情形每况愈下。据历史学家考证，图密善掌权时有过三年“白色

恐怖”，在此期间只要稍稍有背叛的嫌疑就会被判处死刑，于是告密者成批涌现，死刑犯和流放犯的数量骤增，而斯多葛学派所受牵连尤其严重。图密善收养了堂兄弟弗拉维乌斯·克莱门斯（Flavius Clemens）的儿子们继承王位，可是公元 95 年克莱门斯卸任执政官不久后就被图密善杀害。

所有人都惶惶不可终日，刺激了更多的阴谋发生，而层出不穷的阴谋又导致了更多的死刑，于是一个“恐怖与死亡”的恶性循环产生了。图密善的妻子图密娅·隆吉娜

图密善体育场

同几位前任皇帝一样，图密善在帕拉蒂尼山上兴建了很多建筑，尤其是皇宫。体育馆的规模似乎不适合组织演出，更像是希腊风格的跑步场或者是以体育场形式建造的帝王私家花园。

也为自己的性命担忧，决定联合近卫军首领和皇帝手下的几个获释奴在公元 96 年 9 月 18 日动手杀死他。至于其他元老是否参与了阴谋无法得知，但谋杀后元老院迅速做出反应决策——涅尔瓦立即登上了王位，由此可以推测这位继任皇帝至少已经预先得知了这场阴谋。

苏埃托尼乌斯曾写道，图密善常说“皇帝的命运最不幸，除非他们已经被杀死，不然即使他们发现了阴谋，人们也不会相信是真的”。针对图密善的最后一次阴谋似乎验证了他自己的话，而苏埃托尼乌斯和狄奥·卡西乌斯都详细记载了这次谋杀事件。根据苏埃托尼乌斯的说法，密谋者一直犹豫不决，不知该在何时动手，怎样动手，因为图密善在生前的最后几个月十分谨慎。于是，图密娅的一个仆人斯提法努斯（Stephanus）给他们出了个主意，当时他正受到指控，性命堪忧。谋杀计划是这样的：为了避免受到怀疑，斯提法努斯连续好多天装作受伤的样子，用绷带把左臂包扎起来，到了约定的时间便在绷带内藏一把匕首。然后，斯提法努斯声称要揭发阴谋，希望图密善能接见他。在进入图密善的房间后，斯提法努斯趁图密善阅读他呈上的报告之机，接近图密善并刺中其腹部。图密善做出抵抗扑向斯提法努斯，并向身旁的一个年轻奴隶呼救，命令他拿来一直藏在枕头下的匕首。但是，刺客早已做好了万全准备，早就取走了匕首，而且所有的门都被锁上了。奴隶回到主人身边，目睹了图密善和斯提法努斯的搏斗。随后，来了几名士兵和角斗士帮助刺客杀死了图密善，图密善身中七刀毙命。图密善死后不能得到安葬，其乳母把他的尸体火化后偷偷把骨灰带到了弗拉维家族神庙，并同提图斯的女儿、图密善的情人朱莉娅·弗拉维娅的骨灰合葬在一起。

图密善遇刺之后，涅尔瓦立即登基，那些图密善政权的反对者得以自由发表言论，其中对图密善持有恶评的文学作品的影响无疑是最深远的。这些作品世代流传，成为后世学者评价图密善执政的参考文献。第一个将图密善的暴虐和前任统治者的仁慈对立起来的是诗人马尔提阿（Martial），他甚至断言图密善的恶劣声誉玷污了其父兄之名。据狄奥·卡西乌斯的记载，提图斯临终前说的最后一句话是：“我只犯下了一个错误。”这很可能指的是，提图斯后悔选择图密善做继承人和罗马帝国的君主。但是，图密善身后的评价不一，不能仅仅根据一部分罗马贵族的观点来考查图密善的统治。

总体而言，图密善被杀后，饱受压制的元老院成员欣喜若狂。得知图密善的死讯后，元老们纷纷前往元老院，并在一片欢呼声中唾弃他。狂喜之下，元老们亲手摧毁了图密善的雕像和凯旋纪念。图密善被判处“记录抹杀刑”，他的名字从所有的碑文中都抹掉了。

但是，图密善的死却让士兵们陷入了悲痛之中。苏埃托尼乌斯称，军队本来是要起义的，只是没有首领才最终避免了军事叛乱。在帝国新政府的组织中，军队的忠诚度将成为一个非常迫切的问题。

档案：早期基督教

基督教在罗马帝国的统治下诞生并发展起来。基督教早期遭受迫害，但在公元4世纪终于成为被罗马帝王接受的唯一宗教信仰。

关于早期基督教历史的书籍汗牛充栋，直至今天学者们的观点也并不一致。人们对于基督教的兴趣始终不减，这无疑和它在当今世界的重要性有关。基督教从少数人信奉的宗教成为罗马帝国的思想根基，这其中的历程同样非常有趣。

拿撒勒人耶稣

《好牧人》是基督教创始人最早的肖像作品之一。尽管人们对拿撒勒人耶稣（Jésus de Nazareth）知之甚少，但这个历史人物却引起了各个时代历史学家前所未有的兴趣。

耶稣受难景象

公元 4 世纪早期基督教石棺，现藏于罗马梵蒂冈博物馆。

基督教诞生于巴勒斯坦。它的原始教义是从犹太教中汲取的，但教义的基础是被称为拿撒勒人耶稣的传教者对其戒律的解释。耶稣殉难后，基督教继续发展，而教徒起初仅限于犹太民族。耶稣殉难事件很可能标志着第一批门徒争论的开始，由于对教义理解有分歧，形成了不同的信徒群体，并且数量和种类不断增加。从历史的角度看，将基督教变成“普世宗教”的那一派是最成功的，而这尤其是塔尔索的保罗（Paul de Tarse）的功劳。这一派深受希腊文化影响，第一批信徒来自帝国的多神教徒群体。当然，很多兄弟会仍然遵循犹太教义，这也是所谓犹太基督教，但皈依基督教的异教徒不在其内。

这些最初的基督教徒群体极其多样化，内部组织化程度不高，开始基本以使徒个人为核心，后又有长老或监督帮忙。自从在巴勒斯坦以外的地区传教开始，之后建立的教堂同样有长老或监督，他们负责教义问题，还有管理日常事务的执事。从公元2世纪起，罗马出现了领导宗教群体的拥有绝对权力的主教，还有一群同样被称为监督或执事的助手，但并非罗马所有的教堂都有主教这个职位。

早期的基督教徒群体拥护的信仰与帝国其他臣民不同，如他们相信复活，过着贞洁的生活，持“一性论”。“一性论”的观点尤为关键，这从逻辑上表明基督教徒将异教徒的仪式（特别是动物献祭和节日）视为渎神的行为，并加以摒弃。对于地中海地区的其他居民来说，基督教的这种定位是他们完全无法理解的，因而早期基督教徒被质疑是无神论者或者蓄意破坏公序良俗，并受到其他民众的敌视。

迫害

罗马的几个特定地区虽然时不时地出现残害基督教徒的现象，但多是零星的、局部的，很少扩大成由政府组织的普遍性的迫害活动。罗马全境大规模对基督教徒的迫害活动发生得比较晚，即公元3世纪德西乌斯（Dèce）、瓦莱里安（Valérien）、戴克里先（Dioclétien）等皇帝统治时期，而这些迫害基督教徒的活动引起了后世基督教对欧洲的想象。此时，基督教徒大幅增加，重要性日益凸显，并在帝国内部引人侧目。

苏埃托尼乌斯第一个记录了基督教徒是如何被凌辱的。他认为，在克劳狄一世（Claude Ier）时期，犹太人被驱逐出帝国首都，很可能与他们遵守基督教义有关。在古罗马文献中，第一次提到对基督教徒的迫害发生在尼禄统治期间，并与焚毁罗马的大火有关。塔西佗说，尼禄担心有谣言指责他是这场大火的罪魁祸首，便把基督教徒作为罗马这场大火的“替罪羊”并大肆虐杀。此后，在罗马和东方对基督教徒的迫害时有发生，尤其是在图密善统治时期。在时任比提尼亚和本都行省长官的小普林尼与图拉真往来的一封书信中，小普林尼询问皇帝：“当有基督教徒被揭发时，您是否进行了正确的审理？”从信中可以得知，在图拉真时代又发生了一次关于基督教徒和如何对待基督教徒的问题的讨论，并制定了一种审理基督教徒的政策。此

面对狮子的基督教徒

英国艺术家赫伯特·施马兹（Herbert Schmalz，1856—1935）所作，描绘了尼禄时期对基督教徒的迫害。

后，在所有非基督教徒的皇帝统治期间，也包括公元 3 世纪大迫害发生的时候，都采取了这种方式。按照程序，询问被告是否是基督教徒，如果否认则多次询问，如果承认则被处决。拥有罗马居民权的被告被转移到罗马接受审判，不承认自己是基督教徒将要面临一个考验，即他们被要求向众神供奉并否认基督之名，最后通过考验者则被释放。

地下墓穴

成千上万的人被埋葬在位于罗马城外的大型地下墓穴中。这些地下墓穴长期被认为是基督教徒的墓地，但实际情况要复杂得多。

在基督教诞生前，异教徒和犹太人就开始使用地下墓穴，所以这并不是基督教所独有的。二者的主要区别在于技术细节，基督教地下墓穴规划齐整，图案更加丰富。但是，无论建造人是基督教徒还是异教徒，建筑设计和位置都相同。然而，并不是所有罗马人都实行土葬，虽然地下墓穴主要在罗马，但在西西里岛、马耳他、突尼斯、叙利亚和那不勒斯等地也有分布。早期基督教信仰并不要求与异教徒分开埋葬，许多地下墓葬是混合的，因此一些基督教最杰出的人物如保罗、彼得就与信仰其他宗教的人合葬在一起。公元 2 世纪起，情况发生了改变。为了更好地遵循葬礼习俗，基督教徒开始寻找独立的空间为所有信徒举办葬礼，包括最贫穷的信徒。当时，基督教徒群体已经期望死后能够团结在一起。

插图 上图，普利西拉的罗马地下墓穴中众多的面包和鱼；左图，圣卡里斯托地下墓穴中的教皇墓穴（公元 2 世纪）。

扩张与巩固

早期基督教的追随者人数非常有限。按照一般估计，公元 1 世纪罗马帝国总人口在五六千万人，绝大部分是异教徒，其中犹太人有四五百万人。公元 1 世纪末，基督教徒的人数不超过 1 万人。据大多数学者的说法，公元 3 世纪初的教徒人数还不到 20 万人，只占帝国总人口的很小一部分。因此，他们很少引起皇帝的兴趣，早期也没有遭受大规模迫害。

基督教徒群体的特定社会构成，导致他们很少受到关注。在罗马的等级制社会中，最早的基督教徒似乎是居民中最弱势的阶层，偶尔有拥有财富和权力的罗马城市精英加入，但很少有处于帝国金字塔尖的元老院成员。然而，这种情形在公元 3 世纪发生了变化：君士坦丁大帝（Constantin le Grand）皈依基督教之后，基督教被罗马接受。尽管如此，基督教在罗马仍然是少数人信奉的宗教。直到公元 4 世纪初，在奥多西一世（Théodose Ier）等信仰基督教的皇帝统治时期，基督教才得到迅速扩张。

图拉真

马尔库斯·乌尔皮乌斯·图拉真努斯（Marcus Ulpius Trajanus）头戴槲叶环，他是安敦尼王朝的第一位皇帝，也是第一位行省出身的皇帝。图拉真大理石半身像，现藏于维罗纳贝维拉克夸宫。

插图（右侧） 美杜莎（Méduse）青铜头像（公元1世纪），现藏于埃斯特阿泰斯蒂诺国家博物馆。

好皇帝

涅尔瓦统治时期，皇帝与元老院保持了良好的关系。图拉真是第一位出身外省的皇帝，他尊重元老院，并因此获得了元老院赠予的“最优秀的第一公民”称号。图拉真统治时期征服了达契亚、纳巴泰和美索不达米亚，并利用掠夺的财富广泛开展公共工程和慈善事业。

1776 年，英国历史学家爱德华·吉本（Edward Gibbon）在著名的《罗马帝国衰亡史》（*Histoire de la chute de l'Empire romain*）中如此描述公元 2 世纪：“如果要确定在世界历史上哪个时期人类最幸福、最繁荣，那么必定是从图密善死后到康茂德登基这一段时间，绝对的权力在智慧和道德的直接指引下支配着广阔的帝国。”爱德华·吉本将这段时期称为“贤帝时代”，因为皇权交替是以皇帝收养继承人为养子的方式，所以这段时期也被称为“养子皇帝时代”。不过，当代历史学最常使用“安敦尼王朝”这一术语指代从涅尔瓦到康茂德的统治时期。

涅尔瓦

涅尔瓦曾在他的四位前任皇帝统治期间为帝国服务，登基时已经 66 岁。

上图 皇帝涅尔瓦的大理石半身像，现藏于罗马文明博物馆。

涅尔瓦修建的转型广场

公元 97 年，涅尔瓦完成了转型广场的修建。该广场在图密善统治期间动工，目的是利用这个空间改善罗马市中心的交通状况，同时也献给女神弥涅尔瓦。

转型广场得名于它的位置，其位于奥古斯都广场、恺撒广场和韦帕芗建立的和平神庙之间，也连接着旧共和广场入口处和人口密集的苏布拉区。这些不同区域围成的空间，经过规划后形成了一个巨大的矩形广场（长 120 米，宽 45 米），可以轻松地从一个地方到另一个地方。整片建筑还包括矗立在罗马广场对面的女神弥涅尔瓦神庙，这是弗拉维王朝时期（特别是图密善时期）在罗马修建的又一座巴洛克风格建筑。随着时间流逝，弥涅尔瓦神庙仅有很少的遗迹保存下来，只有四周由下楣连接的侧柱立于广场尽头城墙边上。

插图 弥涅尔瓦神庙柱廊顶楼局部细节，中楣有弥涅尔瓦女神像和手工制作场景。

涅尔瓦统治年表

公元96年

登基 涅尔瓦在9月18日图密善被刺杀当天称帝。

公元97年

收养图拉真 涅尔瓦收养高地日耳曼军团统帅马尔库斯·乌尔皮乌斯·图拉真努斯为帝国继承人。

公元98年

去世与神化 涅尔瓦1月27日去世，图拉真继位。

这种命名法是由欧洲历史学家主导的。从吉本开始，他们选择涅尔瓦之后的第三个皇帝安敦尼·庇护（Antonin le Pieux）的名字来代表整个王朝。在所有皇帝中，唯一非贝提卡家族出身的是安敦尼（第一个使用这个名字的人），他的父亲和祖父来自纳巴泰高卢的尼姆城。有一些学者提出，这一时期用“乌尔皮奥·艾利亚王朝”表述更符合历史，因为公元 2 世纪的罗马皇帝——从图拉真到康茂德——都属于这两个家族之一，而成为哈德良（Hadrien）养子的安敦尼也是这两个家族中的一员。

无论如何命名，这个时期都无疑是罗马帝国的

鼎盛时期。这个时期，经济蓬勃发展，城市规模和数量也不断增长；政治稳定，内部和平，文化得以发展，经济更加繁荣，地中海地区居民的生活条件也得到了改善。这个时期以涅尔瓦的“共见”政府为开端，历经图拉真的对外征服，直到最后一位艾利亚家族皇帝康茂德被谋杀而结束。虽然这些帝王被统归于一个王朝，但也难掩这个时期的复杂性和多样性。

涅尔瓦的短暂统治

图密善遇刺之后，马尔库斯·科克乌斯·涅尔瓦（Marcus Cocceius Nerva）被任命为帝国元首。

这是蓄谋已久的上位，是为了避免其他潜在的竞争者夺权而出现尼禄死后帝国经历的可怕混乱，因为罗马人对“四帝之年”的内乱仍然心有余悸。这样，密谋推举的皇帝候选人涅尔瓦得到了元老院首肯，并被元老们欣然接受。涅尔瓦来自传统的罗马贵族家庭，他的一位叔叔甚至与尤利乌斯·克劳狄乌斯家族有亲戚关系。后来，涅尔瓦发行了带有第一位被神化的皇帝奥古斯都的硬币，更加凸显了这种亲近关系。涅尔瓦去世后，与尤利乌斯·克劳狄乌斯家族的其他成员一起被葬于奥古斯都陵墓中。涅尔瓦曾在公元 71 年与韦帕芗共同担任执政官，在公元 90 年与图密善共任执政官。然而，涅尔瓦并没有表现出对图密善的热情，甚至与遭受图密善政权迫害的几名元老关系密切，因此得到贵族阶级的青睐。涅尔瓦登基时已年近 70 岁且没有子嗣，这也是元老院支持他掌权的重要因素。

与统治阶层相比，民众对涅尔瓦并没有表现出很大的热情，但涅尔瓦的慷慨捐助在一定程度上确保了帝国的安定局面。涅尔瓦虽然依照传统在登基后给军队发放了补贴，但这并未阻止兵变，尤其是在近卫军中。其实，近卫军的两位长官都参与了谋杀图密善的行动，而这次兵变因为没有领导者才作罢。所以，如何使军队满意是摆在涅尔瓦面前的难题，毕竟他需要军团的支持。事实上，在莱茵河边境的部队已经发生起义。公元 97 年，涅尔瓦将高地日耳曼军团长官马尔库斯·乌尔皮乌斯·图拉真努斯（图拉真）收为长子并作为帝国继承人之后，政治局势才终于稳定了。狄奥·卡西乌斯指出，涅尔瓦这样做等于将图拉真置于自己家人之前。收养图拉真是一些具有影响力的出身西班牙行省的元老院成员谋划的结果，这些成员包括卢修斯·尤利乌斯·乌尔苏斯·塞尔维阿努斯（Lucius Iulius Ursus Servianus）、卢修斯·利西尼乌斯·苏拉（Lucius Licinius Sura）和昆图斯·索斯乌斯·塞内修（Quintus Sosius Senecio）。叙利亚行省总督、指挥大部分东方军团的科尼利厄斯·尼格里力努斯（Cornelius Nigrinus）同样出身西班牙行省，他也是被收养的候选人之一。但是，科尼利厄斯·尼格里力努斯出身较低，影响力不大。图拉真成为共治者之后，文献中再也没有提及尼格里力努斯。

在涅尔瓦短暂的统治期间，公共自由的观念得到传播，并延续到了图拉真时期。

以共和倾向闻名的历史学家塔西佗认为，新政权做到了协调迄今为止相互矛盾的两个概念，即自由和专制。虽然涅尔瓦在位时间短，但是他发起了几项重大项目：重振意大利农业，建立了救济贫困农民和穷人孩子的制度，而图拉真和后来的继承者都延续了这项制度；恢复了元老院的大多数特权，如取消“大不敬罪”，禁止对元老处以死刑等，任何针对元老的诉讼将在元老院成员面前审判。另外，涅尔瓦还减免税收，采取措施刺激国库收入。

公元 98 年 1 月 27 日涅尔瓦去世，由于几个月之前图拉真已经成为共治者，因此这次权力交接很顺利。当时，在日耳曼的一位名叫普布利乌斯·埃利乌斯·哈德良（Publius Aelius Hadrianus）的西班牙籍年轻人，也就是后来的哈德良皇帝，他第一个将涅尔瓦去世的消息告诉了他的叔叔图拉真。但新皇帝图拉真并未立刻返回罗马城，而是留在边塞解决莱茵河和多瑙河边境面临的危险，直到次年才回到罗马。回到罗马后，图拉真把自己的亲生父亲和养父都列入“神”的行列，这是罗马史上唯一的一次。

“最优秀的第一公民”

图密善是一个绝对的独裁者，不受任何国家机构的制约。因此，图密善对待元老与对待其他社会阶层的人并无不同，他都把他们看作下人和仆从。如果元老院成员不服从图密善的命令，他会毫不犹豫地将他们处死，因为谁也不允许反对他至高无上的权力。当图密善被杀害之后，元老院立刻把他处以“记录抹杀刑”，并剥夺了他像父兄一样被尊为“神”的权利。涅尔瓦和图拉真统治时期，虽然皇帝的特权与权力并无变化，但他们与元老院这个有影响力的罗马贵族群体的关系发生了逆转。图密善憎恶并蔑视元老，而涅尔瓦和图拉真则以恭敬和尊重的态度对待他们。如何对待元老院并没有削弱皇帝的权力，正如小普林尼所说：“帝国全境由皇帝一个人的意志所领导。”小普林尼在《图拉真颂词》中举了很多例子表现图拉真对待元老院态度的转变，主要表现是恢复了元老院阶层的尊严和特权。图拉真公开宣誓，在他的治下任何元老院成员都不会被判死刑。图拉真是一位温和的皇帝，他重视元老院并平等对待每一位元老：无论他们曾是图密善的支持者还是反对者，他都授予他

阿尔坎塔拉大桥

这项公共工程是公元104年—公元106年间为了纪念皇帝图拉真而建造的。大桥位于阿尔坎塔拉市（卡塞雷斯行省）的太加斯河上，由工程师凯乌斯·朱利叶斯·拉塞尔（Caius Julius Lacer）设计。出身西班牙行省的图拉真发起了庞大的工程项目且不局限于罗马和意大利，也扩展到了其他行省。

们最高的职务或政务官的职位。

图拉真谦卑和尊重的态度，使他获得了元老院赠予的“最优秀的第一公民”称号。但是，在政治领域，图拉真继承了图密善的政治举措。从赞美图拉真的文学作品中（尤其是小普林尼和狄奥·卡西乌斯的作品）可以看出，元老们和亲元老院阶层对图拉真的欣赏，表明了他是一个宽厚仁慈的皇帝，并在一片赞誉声中将皇位传给了继承人。这些作品把图拉真描述为一位出色的军事领袖，在政务上老练、严明、公正，关心人民福祉，宽容而富有耐心，执政的唯一目的是将他的才能奉献给国家。这所有的美德将图拉真树立成一位模范的斯多葛式君主，他的继任者们也以他为榜样。

图拉真“好皇帝”的口碑很早就确立了。早在公元103年，图拉真已经被称作“最优秀的第一公民”，但这个称号

但丁《神曲》中的皇帝图拉真

根据中世纪的一个传说，罗马教皇格列高利一世（Grégoire Ier，公元590年—公元604年在任）为图拉真祈祷，将他从地狱中解救了出来。这位基督教圣徒根据一件轶事为这位异教徒皇帝求情，因为据说皇帝图拉真在一次战争中停下来为一名女子伸张正义。据古代文献记载，这件轶事其实是哈德良皇帝的故事，却为图拉真提供了获得灵魂救赎的机会。

但丁（Dante）在《神曲》（*Divine Comédie*）中的描述回应了这个故事。在意大利作家的这部著名的作品中，图拉真对向他求助的女子表现出的善良赎清了他的罪恶，皇帝升至义人天，即第六重天或称朱庇特天。诗人将皇帝和其他五位义人的灵魂放入神鹰的眼中，智训是“爱正义，审判地球之人的人”。

插图 15世纪的彩色手稿，描绘了但丁《炼狱》（*Purgatoire*）中的片段。图拉真与申诉女子被描绘在罪人之上，而这些罪人因为傲慢将被大石块砸死。

身着帝王盔甲的图拉真

作为皇帝和军队统帅，图拉真的声誉塑造了他的传奇。同时，图拉真还是一位伟大的政治家，一位公正严谨的统治者，一位关心民众福祉的慈善家。此大理石雕像为博尔盖塞藏品，现藏于巴黎卢浮宫博物馆。

直到公元114年才被正式确定下来。在一个多世纪的时间里，图拉真的继任者们都效仿他以巩固自己的统治，至此图拉真的传奇终于建立。历史学家厄特罗普（Eutrope）甚至说过，元老院会以“比奥古斯都更幸福，比图拉真更优秀”来宣布新的皇帝。

图拉真尽力拉近与元老院的关系，极力营造有利的公共舆论，所以他酗酒和偏爱年轻少年的行为（参见狄奥·卡西乌斯《罗马史》）并没有招致那些酷爱讥讽的历史学家的批评。图拉真的好名声使他免于遭受谴责，尽管国家的经济和军事因他对帕提亚人的大肆征战而濒临崩溃，但他征服者和英勇战士的光环也得以保留。

图拉真在罗马享有盛誉，即便在罗马帝国基督教化之后，他也得到了基督教的宽宥。根据中世纪的一个传说，教皇格列高利一世请求上帝宽恕图拉真的异教徒身份，因为他在统治期间表现出了诚实和公正。最后，上帝允诺了教皇的请求，并将图拉真从地狱中解放出来。这个流行的中世纪传说以及图拉真作为“最优秀的第一公民”的名声，在但丁《神曲》中也有表现——《神曲》中描述了图拉真在炼狱中赎罪，得到救赎之后升上了天堂。其实，这种说法是令人惊讶的，因为据狄奥·卡西乌斯的说法，图拉真的行为有违基督教义，而且也正如小普林尼所说——图拉真也迫害过基督教徒（尽管并不是狂热的残害）。但是，这个基督教化的图拉真成了现代国王的模范，西班牙的哈布斯堡王朝甚至将他视为遥远的前任者和追随的榜样。

行省出身的帝国元首

新皇帝图拉真公元53年出生于贝提卡行省的意大利卡（今塞维利亚省桑蒂蓬塞市），与他同名的父亲在尼禄时代是元老院成员，但其家庭起源则众说纷纭。一些历史学家如厄特罗普和狄奥·卡西乌斯认为，图拉真是图尔代塔尼本地人；另一些历史学家则认为，图拉真出身意大利家庭，共和国时期移居西班牙南部，即公元前206年或稍晚西庇阿（Scipion）建立殖民地的时候。无论怎样，家庭出身并没有妨碍家族的兴盛和成员的影响。图拉真的父亲在韦帕芗时期成为执政官，进入封闭的罗马贵族圈子（在犹太战争中，他在韦帕芗手下任军团长），并在弗拉维王朝时期的公元73年—公元77年间担任叙利亚行省总督，且在任职期间成功击退了帕提亚人的入侵。此后，图拉真的父亲担任贝提卡和亚细亚行省总督，当时这两个地方是帝国最富裕的土地之一。

图拉真在被涅尔瓦收养之前也担任过重要职务，并和父亲一起在叙利亚共事。在安东尼·萨图尔尼努斯叛乱时，在西班牙任第七合组军团长的图拉真奉图密善之命镇压。图拉真在公元91年担任执政官，在公元97年担任上日耳曼行省总督，并指挥驻扎在该省的军团。

图拉真及其父亲是两位杰出的人物，他们的职业生涯是行省贵族融入帝国政治的一个很好的例子。吸收行省贵族是尤利乌斯·克劳狄乌斯王朝（尤其在克劳狄和尼禄统治时期）实行的开放政策的产物，旨在联合并协同帝国的所有力量。因此，贵族阶层不再局限于罗马和意大利，而是扩大到整个地中海地区。在弗拉维王朝时期，这一进程加速且行省出身的元老成为元老院的主力，表明了行省具有了新力量、经济得以不断发展以及地中海沿岸一些区域高度罗马化。

弗拉维家族的掌权，表明了帝国的统治地位不再被从前的共和国贵族家庭独占。图拉真上台后，这种趋势更加明显了——帝国已经不再由罗马和意大利所独占，甚至最罗马化的行省也加入了进来。罗马创建了一个具有共同文化的政治共同体，吸纳和欢迎地中海地区的名门望族，无论他们的原籍在什么地方。希腊古代诡辩派哲学家埃利乌斯·阿里斯蒂德斯（Aelius Aristide）在公元2世纪末就已经提及这一利益共同体的观点："任何可担任政务官或者获得公共信任的人都不再是外国人。一个人是否是罗马人，不是以他出生的城市判断，而是看他是否是整个大家庭的一员。帝国的管理者共同构成了这样一个大家庭。"应当指出，这个政治共同体的发展是罗马帝国成功的根基。在这一点上，罗马帝国与现代和当代欧洲的强大帝国都不相同，而后者忌惮外省人民并将他们排斥在中央权力之外，将统治职位全部留给了自己的精英群体。

根据他们在半岛南部的政治、经济和社会地位，西班牙行省地方官员可以进入帝国政府担任最高官职。恺撒和奥古斯都在这个地区实施的一系列改革措施改变了当地经济面貌，西班牙从一个依赖进口的行省成为向罗马、边境地区和其他行省出口基本必需品的行省，而当地的有产者通过采矿、建立小型渔业网络、生产橄榄油和葡萄酒成了行省的富有贵族。由于在尤利乌斯·克劳狄乌斯王朝时期，特别是弗拉维王朝时期制定的有利政策，这些西班牙贵族很快投身罗马帝国政坛，以贝提卡家族为首的西班牙人的社会地位显赫。公元 73 年—公元 74 年，在韦帕芗和提图斯担任监察官时期，14 人元首顾问委员会中有 4 人出身西班牙或者与西班牙行省有紧密联系。这些新贵的经济力量，以及重要的政治和社会网络，奠定了在罗马的一些贝提卡家族的巨大声望，也因此诞生了第一位出身行省的帝国统治者。

达契亚战争

图拉真凯旋柱上的浅浮雕虽然为我们提供了大量关于罗马时代军事生活和战争情形的资料，但可惜的是我们据此还不足以重构凯旋柱所纪念的战争事件，而其他相关文献也无法提供更多帮助。我们知道，元老院中保守、好战的成员不满图密善和德西巴尔之间达成的协议，他们认为向达契亚国王缴纳贡赋是软弱无能的表现。已知文献表明，德西巴尔对协议也不满意，他似乎与邻近的部落建立了联系，试图再一次发动对罗马帝国的战争。

无论如何，图拉真决定率先行动。公元 101 年，图拉真离开罗马奔赴多瑙河边境筹划进攻达契亚，并集结了多瑙河舰队、十二个军团和不计其数的辅助大队。为了方便进攻，图拉真还进行了基础工程建设，如在多瑙河上修建了多条道路和一条用来进行内河运输的运河。

达契亚征服记

图拉真柱是一座高30米的纪念碑，由20块卡拉雷大理石制成，建于公元107年—公元113年间，是罗马最著名的建筑之一。柱身图案盘旋而上，共雕刻有155个场景，详细描绘了罗马最后一位伟大的征服者图拉真远征达契亚的经过。图拉真去世后，他的骨灰与妻子普罗蒂娜（Plotine）的骨灰一起埋藏在柱础下。

不朽的模范建筑

图拉真柱顶部本来立有图拉真雕像，后被换成圣彼得雕像。后世，很多其他纪念碑都是模仿图拉真柱修建的，如拿破仑一世（Napoléon Ier）为纪念法国在奥斯特利茨战役中的胜利而在巴黎修建的旺多姆圆柱。

内河运输 多瑙河是抵达达契亚的主要障碍，但也是军队运输和补给的最有效路线。

被征服者 大部分达契亚人被贬为奴隶，遍布在罗马帝国各处。

献祭 远征前，大祭司图拉真献祭，以赢得众神护佑。

图拉真的扩张：帝国疆域最大

图拉真是罗马帝国最后一位伟大的征服者。在图拉真统治期间，罗马人跨越了多瑙河，征服了纳巴泰，甚至短暂地入侵过波斯湾。图拉真死后，以地中海为中心的广大领土再也没有受制于单一的政治权力。

很难想象，这个构成复杂的帝国是如此的庞大：领土面积有 600 万平方公里，人口达到了 6000 万至 1 亿人，几乎是当时世界人口的一半，是有史以来规模最大、实力最强的国家之一。这个庞大的帝国被划分为许多行省（图拉真时代有 30 多个），由 40 万军队保卫。然而，据研究表明，令人惊讶的是这个不同凡响的帝国的管理者却很少——仅有 1 万人。

插图 下图，一枚约公元 104 年在罗马铸造的塞斯特斯（青铜币），上面镌刻有罗马元老院的箴言；右图，图拉真公元 109 年在罗马尼亚城阿达姆克利西竖立的阿达姆克利西胜利纪念碑。

同年，图拉真与达契亚王国开战，并在泰佩首战告捷。德西巴尔反攻，不但攻击了罗马军队的基地，还越过多瑙河进入美因茨，从而使得罗马人被迫开赴美因茨援助驻扎在那里的部队。罗马军团的迅速反应，打破了达契亚国王德西巴尔的行动计划。公元 102 年，图拉真重新发起战争。在一次战役胜利之后，图拉真与达契亚国王德西巴尔达成了对罗马更有利的协议：罗马不再向德西巴尔缴纳贡赋，并迫使他拆除了多处要塞，割让了达契亚的部分领土并入美因茨；罗马驻军永久占领达契亚首都萨米尔泽杰图萨。图拉真命令罗

①**达契亚** 公元106年，从前的达契亚王国被并入罗马帝国版图，国王德西巴尔自杀。

②**帕提亚** 帕提亚帝国是罗马的强大敌人。图拉真占领了帕提亚首都泰西封，创建了两个新的行省，即美索不达米亚和亚述。

③**犹太** 公元115年，罗马东方的犹太城市趁罗马军队调遣至帕提亚之机发动起义，被图拉真残酷镇压。

马工程师——大马士革的阿波罗多洛斯（Apollodore de Damas）在多瑙河上架起一座桥梁，这座巨大的建筑超过了1公里长。公元102年12月26日，图拉真返回罗马，参加元老院在全城为他准备的凯旋仪式，并授予他“达契亚库斯”头衔。

然而，战争远未结束。公元105年，德西巴尔反对罗马严厉的条约并发动起义，第二次达契亚战争爆发。公元105年春天，达契亚人入侵罗马边境省份，但被击退。于是，图拉真重新领导军队征战，并于公元106年正式制订了消除多瑙河两岸部落威胁

科洛尼亚·乌尔皮亚·特拉亚纳·萨米尔泽杰图萨——达契亚的皇帝之城

国王德西巴尔战败，达契亚被吞并，成为罗马行省。为了确保领土安全，以及纪念征服者图拉真和降国旧都萨米尔泽杰图萨，罗马建立了名为科洛尼亚·乌尔皮亚·特拉亚纳·萨米尔泽杰图萨的殖民地，在今罗马尼亚境内。

新殖民地建在达契亚从前的首都附近（但在另一个地点），拥有罗马任何城市所享有的便利设施，并由军团老兵驻守。据统计，这座殖民城市在全盛时期的人口超过 2 万人。在整个公元 2 世纪以及公元 3 世纪的一段时间，这座殖民城市都是该地区的主要城市，直到奥勒良（Aurélien）统治时期（公元 270 年—公元 275 年）被废弃。在被占领的一个半世纪中，这座殖民城市是罗马人新征服的这片领土中罗马化程度最高的。不过，这个古罗马城市只有广场、柱廊大厅，以及几座神庙、罗马式房屋和工业建筑留存至今。

插图 罗马圆形剧场遗迹，是萨米尔泽杰图萨遗址最著名的建筑。

的计划。根据计划，罗马军队变成两路纵队进攻达契亚首都萨米尔泽杰图萨：第一路取道阿波罗多洛斯在多瑙河上建的桥梁，第二路穿过奥尔图山谷。最后，达契亚军队无法阻挡罗马人对萨米尔泽杰图萨的两面夹击，不得不投降。德西巴尔逃亡，罗马人紧追不舍。为了不被俘虏，德西巴尔选择了自杀，这在为了纪念战争胜利而建造的图拉真凯旋柱上和公元 106 年轧制的硬币上都永久保留下来。公元 107 年，图拉真终于回到罗马，而他的名字也作为伟大的征服者和优秀的战略家成为传奇。

这次胜利使罗马将一大片土地纳入版图，有助于维护巴尔干各行省的稳定。为了保证罗马实现对该区域的控制和管辖，图拉真设立达契亚行省，把达契亚从前的首都变成了罗马殖民地。同时，图拉真从达契亚获得的战利品不计其数。通过有条不紊的洗劫和没收达契亚皇家宝库，罗马共掠夺了 165 吨黄金、330 吨白银和约 50 万名奴隶。这些数字看起来很惊人，图拉真便靠着第二次达契亚战争的收入资助了罗马全境的很多工程建设，并发起了一个庞大的公共慈善项目。达契亚矿藏丰富，这无疑是罗马入侵的重要原因之一。战争导致达契亚当地居民种族灭绝，使得达契亚发生了深刻变化且越来越罗马化，以至于该地的居民后世有一天以入侵者之名将自己的国家命名为“罗马尼亚”，而图拉真的名字则被自豪地写入了国歌中。

其实，很少有文献记录罗马帝国的日常管理，但在图拉真统治时期却有一个宝贵的文献来源——他与时任比提尼亚与本都行省（今土耳其）长官小普林尼的通信。

图拉真的统治

阅读这些难得的来往信件，我们能够更好地理解罗马帝国的管理方式，了解图拉真是如何细心负责地以大家长的方式参与帝国政务，甚至处理自治城市遇到的一些问题：所有的问题都可以呈到皇帝图拉真面前，他给予各行省长官充分的自治空间，但他具有最终的决定权。这些信件还揭示了帝国官僚机构职责扩大过程的演变，即增加骑士阶层出身的公务员数量，而非像在尤利乌斯·克劳狄乌斯王朝那样将新的获释奴吸收进来。这些骑士阶层出身的长官只对皇帝负责，说明皇权在日益强大，

提姆加德——非洲军团老兵殖民地

公元 100 年，提姆加德殖民地在距今阿尔及利亚巴特纳城 35 公里处拔地而起，由军团老兵驻守。罗马人在殖民地通常按照正交网格的方式进行城市规划，这个殖民城市就是这种规划的最佳示例之一。来自帕提亚边境的老兵定居在此，并按照服役年限获得相应土地。

而元老院在政务中的影响力则逐渐减弱，这有利于提高中央和行省政府的管理效率。

图拉真直接或间接地参与罗马帝国全境内实施的庞大工程，这些工程部分经费来源于达契亚战争掠夺来的财富。图拉真还建立了几个殖民地，如达契亚的萨米尔泽杰图萨、低地日耳曼的科洛尼亚·乌尔皮亚·特拉亚纳（今克桑滕）和努米底亚的科洛尼亚·马尔西亚纳·乌尔皮亚·特拉亚纳·塔姆加迪（今提姆加德），并安排老兵驻扎。

但是，图拉真最关注的还是重建趋向没落的意大利本土。例如，图拉真强化了涅尔瓦创建的救济制度（也有学者说这项制度是图拉真首创），从国库资金拨款发放终身贷款，只要在意大利拥有土地的人都可以借贷。相关市镇负责管理贷款资金，利息（5%）统归地方财政专门管理，以公共救助的方式每月发放给编入户籍的贫困年轻人。不过，这项重要措施实施的目的尚不明确。有学者认为，图拉真的意图显然是为了弥补意大利城市的人口赤字，因为意大利城市人口在军队和政治机构中的代表越来越少。另外一些学者认为，这项措施仅仅是为了改善弱势公民的生活条件。还有历史学家指出，救济制度是帝国善政推行至整个意大利半岛的一个新例子，并不是为了带来深刻的结构性改变。

为了刺激经济，意大利启动了很多大型公共工程。图拉真组织修建了新的道路，如从贝内文托到布林迪西的特拉亚纳大道，以改善与希腊和帝国东方的联系。为了方便从亚得里亚海进入罗马和奇维塔韦基亚，图拉真还下令在安科纳修建了几座桥梁。其中，位于贝内文托的图拉真拱门就是为纪念皇帝改善意大利半岛领土所做的努力，也清晰地体现了他的政治图景。这个时期铸造的硬币表现了图拉真重振衰落的意大利，也纪念了皇帝勇敢地采取多项措施重振意大利经济。有趣的是，尽管图拉真统治时期大量银币投入流通，但价值却贬值了。

在公共工程方面，罗马城市毫不逊色。图拉真为了重振意大利经济，在奥斯提亚新建了港口，与克劳狄建造的港口一起运作。这个港口呈大六边形，最多可容纳 100 艘船，大大改善了罗马帝国的交通状况，而首都的商业活动也得到了显著发展。图拉真还在台伯河沿岸建造仓库，资助兴建了以罗马城命名的凯旋广场、宏伟的公共浴池和一座新的渡槽。与在半岛其他地方一样，图拉真家长式的管理还体现在他为罗马的食品援助机构提供了决定性的支持，尤其是那些管理和发放免费粮食的机构。

为了改善粮食供应，图拉真采取了由克劳狄制定、后世继任者承袭的政策，授予了国家雇用的面包商和运输商（贸易商和海员）特权。出于同样的目的，图拉真还在帝国的北非领土上扩大佃农数量。

为了庆祝和颂扬图拉真的执政，尤其是众多的军事胜利，他给罗马人民捐赠了三笔钱财。公元 99 年—公元 102 年，每位罗马居民都获得了 75 第纳尔（银币）。公元 107 年，图拉真在第二次达契亚战争中获胜后，这项捐赠政策达到了顶峰——

图拉真浮雕：皇帝的宽厚

对于图拉真浮雕上的人物，学者们有不同的看法。一些人认为，这是皇帝图拉真在庆祝某种对贫民的救助活动。另一些人则认为，描述的是有关哈德良统治的事件。由于人物的头部被破坏，辨别十分困难，也无法确定是哪位皇帝。无论如何，这幅浮雕是当时的皇帝们向人民表达宽厚、慷慨的一个很好的例子。插图上部的场景描绘了烧毁人民未缴纳税收的登记册；底部的场景是皇帝向罗马人民宣布贫儿救助机构的建立。

❶**马尔叙亚斯雕像** 这座雕像用对放高利贷者的罚款建成，是摆脱债务奴役的象征。

❷**仆人** 一群仆人搬运未缴纳税收的登记册，以便烧毁。

❸**登记册** 它们被堆放在柴堆上，在平民和元老面前烧毁。

❹**神庙** 这些建筑物代表罗马广场上的农神庙、韦帕芗神庙和提图斯神庙，距离卡比托利欧不远。

❺**图拉真** 皇帝在讲台上向人民宣布贫儿救济发展。

❻**罗马广场** 背景是罗马广场：奥古斯都拱门、卡斯托尔和波吕克斯神庙、朱莉娅柱廊大厅的拱门。

❼**贫儿救助** 图拉真坐在讲台上，怀抱着一个孩子，宣布建立贫儿救助机构。

❽**无花果树** 传说，在无花果树下发现了被卡比托利欧母狼喂养的罗慕路斯和雷穆斯。

4
2
3

8
7

用柱廊大厅代替神庙：图拉真广场的革新

图拉真广场深刻地改变了罗马的城市概念，它的面积（300 米 ×185 米）超过了当时所有帝国广场。图拉真柱见证了浩大的工程规模，特别是挖掘工程的规模，它的底部高度（约 30 米）与从前在此处的山丘相同。因此，这个广场很快成为罗马的政治、经济和行政中心。

图拉真广场成为罗马最大的帝国广场，它的设计师正是罗马入侵达契亚时在多瑙河建桥的大马士革的阿波罗多洛斯。图拉真广场的设计理念和以前的广场不同，它像是构成了罗马市中心的一个军营司令部，如同在军团营地一样，开阔的广场前面是一个长方形柱廊大厅。图拉真广场的乌尔比亚柱廊大厅得名于马尔库斯·乌尔皮乌斯·图拉真努斯皇帝，长 170 米，宽 60 米，是罗马最大的柱廊大厅。乌尔比亚柱廊大厅的结构也令人联想到军营，内部四排巨大的柱子在建筑物的四个侧面形成了五个侧翼。在柱廊大厅北边，那是军营中保存档案的地方，而在图拉真柱的两边也设有两个图书馆（一个保存拉丁文文件，另一个保存希腊文文件）。最后，在圆柱矗立的地方，正是罗马人通常建立的保存军团徽章的圣所。这种军事广场和民众广场的联系，直到哈德良统治时期才被打破。公元 121 年，哈德良按照其他帝国广场使用的传统形式建造了图拉真神庙和普罗蒂娜神庙。

插图 英国插画家彼得·康诺利绘制的乌尔比亚柱廊大厅部分复原图。

他向每位居民发放了500第纳尔并且减免税收。这种家长式的政策，包括奢华的节日聚会，捐赠银钱和实物，举办角斗士比赛、马戏和各种各样的娱乐活动。历史学家狄奥·卡西乌斯说，图拉真征服达契亚回到罗马后，宣布进行连续123天的庆祝活动，而在此期间共有10 000名角斗士参加比赛、11 000多只野兽被杀。

根据现有文献记载，图拉真关心罗马和整个意大利半岛的粮食供应，不断组织节庆活动、兴建庞大的工厂，并向民众捐助钱财。这些使图拉真成为非常受欢迎的皇帝，得到了平民阶层和元老院阶层的一致称赞。图拉真通过发动战争，尤其是第二次达契亚战争，抢夺了可以维持庞大的帝国运行所需要的资源，而战后的巨大开支清单足以说明帝国兴建工程的规模之大。公元109年，图拉真浴场完工。图拉真浴场建于尼禄宫原址上，于公元104年开工。同年，图拉真还建造了诺玛舍水库和阿库阿·特拉亚纳渡槽，并为这些新的建筑群供应水源。

公元112年—公元113年，罗马城市中心恺撒广场上相继建起图拉真广场、乌尔比亚长方形柱廊大厅、图拉真柱和维纳斯神庙。同一时期，意大利很多庞大的基础设施也陆续完工，尤其是道路以及安科纳港和奥斯提亚港。

如果再算上盛大的节庆活动和粮食捐赠，不难想象图拉真在如此短的时间内所做贡献的巨大。

但是，我们不应忽略，皇帝图拉真承担了如此庞大的事务，正说明这是一个毫不掩饰的专制政权。在这一点上，作为涅尔瓦继任者的图拉真却主动追随弗拉维王朝的政策，尤其是被众人唾弃的图密善的政策。这种矛盾，即至高无上的君主与元老院从共和时代继承来的政治愿望之间的不稳定的平衡，并不是图拉真统治时期所独有的。实际上，这是奥古斯都确立的政治制度的结果。专制君主和共和体制之间的紧张关系是君主制的特征，这一点在尼禄和图密善统治时期发生的权力斗争中发挥了根本性的作用。在图拉真统治时期，由于图拉真出色的政绩和出于传统礼节对元老院的尊重，他恢复了元老院成员们的地位，使得双方的关系得到平衡。图拉真卓越的军事生涯对于维持这种微妙的平衡至关重要，有利于调动罗马国家的所有力量为他的政治目标服务。在很大程度上，图拉真时代的成功建立在这种复杂的和谐之上，但在图拉真的继任者哈德良统治下这种和谐又被打破了。

帕提亚战争

罗马帝国与帕提亚王国之间的缓冲国亚美尼亚发生了王位之争，引发了帕提亚战争。这是罗马东方战线上时常发生的情况，两个大国各有扶持的王位候选人并拒绝做任何让步，而这加快了战争的发生，使得尼禄在公元 63 年签署的条约宣告破裂。公元 114 年年初，图拉真到达安条克为这次最重要的战争做准备。

当然，这并不是图拉真首次意图扩张东方边境。几年前，即公元 105 年—公元 106 年，为了巩固罗马帝国的南部边境，图拉真顺利征服纳巴泰并将其并入罗马帝国。纳巴泰这个国家以首都佩特拉的岩石雕刻墓葬而闻名，而该领土和更北边的其他地区并入了新的阿拉伯行省，首府设在布斯拉。同时，图拉真还在大马士革和亚喀巴湾之间修建了坚固的边界。除了这些军事工程之外，图拉真还翻修了连接尼罗河和红海的运河，促进了帝国与阿拉伯和印度的贸易。

图拉真召集了一支由多瑙河和整个东方军团组成的强大军队投入帕提亚战争。但是，学者们对于图拉真参战的真正意图有不同的解释。一些人认为，战争胜利之后，罗马将直接控制通往远东的贸易路线并稳定东部边境，从而结束新的阿拉伯行省的战争。然而，狄奥·卡西乌斯等其他历史学家认为，图拉真此举是仿效亚历山大，即统治全部的已知世界，获得军事荣耀和盛名，以与亚历山大大帝相比肩。当然，这个观点也被其他古代文献所证实。根据这些说法，与帕提亚的冲突本来可以通过外交途径解决，但是帕提亚的拒绝为图拉真提供了发动战争所需要的借口。据说，图拉真到达波斯湾后，看到一艘驶往印度的船启程，他为自己已经不再年轻而无法追随亚历山大征服的脚步而深感遗憾；图拉真还曾写信到罗马，把他的胜利与马其顿的亚历山大的胜利相提并论。还有另一件轶事，图拉真特意在亚历山大城去世的巴比伦宫殿的房间里献祭，以示自己对这位希腊国王的崇高敬意。但是，上述两种战争的动机并不是互斥的，因为图拉真渴望荣耀，同时也想实现自己的经济和地缘政治目的。

公元 114 年春天，罗马发动战争，首先进攻亚美尼亚。在两年的时间里，图拉真征服了整个地区，并进入美索不达米亚。通过一系列的战争和条约的缔结，图拉

真占领了杜拉欧罗普斯城（今叙利亚）以西的领土。公元 116 年，元老院授予图拉真“帕提亚库斯”头衔，铸造发行硬币，并宣布亚美尼亚和美索不达米亚成为罗马行省。同年春天，图拉真的军队继续向南推进，占领了当地的帕提亚大城市塞琉西亚、泰西封和神话般的巴比伦。

到达波斯湾后，图拉真结束了快速进攻。为此，罗马欣喜若狂，元老院授予了图拉真新的荣誉，还建造了一座巨大的凯旋门以示纪念。但是，欣喜的时光很短暂。当图拉真准备返回罗马时，从前接受帕提亚管辖的地区纷纷起义并攻击罗马驻军，甚至从米底赶来的帕提亚援军也加入了战斗。尽管战争难分胜负，

图拉真市场

由于修建图拉真广场时在奎里纳莱山开掘了数量巨大的土方，图拉真以土方工程为基础，在此建造了图拉真市场——这是历史上最早的有遮盖的购物中心。图拉真市场修建于公元 101 年—公元 110 年间，由大马士革的阿波罗多洛斯负责建设。市场共六层，底部三层由单间店铺构成，出售油、面包、水果和其他食品（店铺有 150 家之多），上面三层是管理机构。

战利品与图拉真的罗马工程建设

图拉真是罗马帝国最后的伟大征服者，他获得的大量战利品被用于资助罗马庞大的慈善工程和公共工程建设。图拉真在帝国首都的建设以广场和奥斯提亚港最为重要，向人民表明了罗马皇帝的慷慨和力量。

关于图拉真在达契亚掠夺的战利品，具体数量无法得知。今天，一般认为战利品包括黄金 165 吨、白银 330 吨，这在当时是一大笔不可思议的财富。此外，还有 50 万名囚犯被贬为奴隶。为了竭尽所能地防止财富流入胜利的罗马人手中，达契亚国王德西巴尔将流经萨米尔泽杰图萨附近的萨格提亚河改道，并在河床里藏好达契亚王国的宝藏后再将河道改回。不过，一个被罢免的地方长官的朋友发现了国王的计划，并向入侵者告发了这一秘密。但是，在达契亚王国首都的考古发掘中却发现了埋藏的 700 公斤黄金，这表明贪婪的罗马人并没有找到全部的宝藏。

插图 右图，图拉真柱浮雕上罗马军团士兵与达契亚士兵对抗细节；左图，刻有皇帝图拉真肖像的金币。

但罗马在该地区的力量已经开始分崩离析。此外，还有另一个难题，即趁罗马军队调离之机，昔兰尼、埃及、塞浦路斯、叙利亚、犹太（古代巴勒斯坦南部地区）和美索不达米亚的犹太人发生起义。图拉真别无选择，只能调遣已经回到罗马的部分军队镇压起义。

图拉真意识到不可能保留住所有已经征服的领土，决定从战略上集中于那些容易保卫的领地。为了做足表面文章，

图拉真亲自在泰西封加冕了帕提亚王族的一个王子，并把杜拉欧罗普斯以南的所有土地都交给了他。此时，图拉真生病了且已经厌倦了战争，便委任当时叙利亚军团长官哈德良负责管理这个地区，而他自己则启程回罗马。但是，公元 117 年 8 月 8 日，图拉真在奇里乞亚的塞利农特去世，最终没有再回到罗马。

哈德良长城

从豪斯特兹（今诺森伯兰郡）罗马城堡一处城墙上看到的帝国北境。

插图（右侧） 公元2世纪的马赛克镶嵌画细部——蒂沃利哈德良别墅的装饰，现藏于罗马卡比托利欧博物馆。

巡游的皇帝

图拉真奉行对外扩张策略，而哈德良则致力于建设帝国内部。为此，哈德良巡游了大多数行省，亲自参与地区治理，关心罗马统治下人民的福祉。哈德良还着手改善帝国的政治管理和罗马法律，修建了高大的边境城墙将“蛮族”敌人阻隔在罗马文明之外。

公元 117 年，图拉真去世，他没有合法继承人，也没有明确指定继任者。在古代，一旦遇到这种王权交替的状况，一定会发生激烈且漫长的争夺。有谣言称，图拉真可能选择了纳拉修斯·普利斯库斯（Neratius Priscus）或卢修斯·昆图斯（Lusius Quietus）作为继承人，他们二人是颇具影响力的罗马著名人物；也可能拟定了一份皇位候选人名单交给了元老院。然而，根据官方说法，图拉真返回罗马途中在奇里乞亚去世，死前收哈德良为养子。图拉真的书面遗嘱，以及其妻子普罗蒂娜（Plotine）和近卫军长官阿奇里乌斯·阿提安（Acilius Attianus）的证词（皇帝去世时两人都在场），都证明了皇帝的遗愿。大约 8 月 9 日，哈德良被收为养

哈德良统治大事记

公元117年

登基 图拉真在回罗马的途中死于奇里乞亚，哈德良在叙利亚被宣布为皇帝。

公元121年—公元125年

哈德良第一次巡游 公元121年春，哈德良巡游了帝国从不列颠到黑海的部分领土。

公元128年—公元132年

哈德良第二次巡游 哈德良巡游了帝国的东方，在耶路撒冷共同领导了爱利亚·加比多连殖民地的建立。

公元131年—公元132年

希腊城邦联盟建立 联盟设在雅典，哈德良在第二次巡游期间参加了联盟的创立仪式。

公元132年—公元135年

巴尔·科赫巴起义 哈德良皇帝东方巡游期间发生的最后一次犹太起义，起义被残酷镇压。

公元138年

收养安敦尼·庇护 2月，哈德良指定收养了他的继承人安敦尼·庇护。7月，哈德良在蒂沃利别墅去世。

哈德良长城与城墙防御工事

哈德良长城位于英格兰北部，东起北海，西至爱尔兰海，绵延119公里，保卫了罗马统治下的不列颠人免受北方好战的皮克特人的袭击。

沿着长城建起了一条罗马道路，以方便部队机动和补给运输。泰恩河上还建起一座桥（位于今纽卡斯尔市），极大地改善了当地交通。哈德良长城有时是由木头和泥炭搭建的篱墙，有时是石头砌成的高大城墙，而有些地方可达5米高、3米宽，每1.5公里处设有要塞大门，平民和士兵通过检查后方可出入。部队驻守在城墙旁的15个巨大要塞以及城墙两侧的其他营地，每500米建有一座瞭望塔，另有一条8米宽的壕沟。这些工程于公元122年哈德良巡游不列颠时开工，共历时十年建成。

子和图拉真去世的消息几乎同时传到叙利亚。11日，哈德良被他的军队宣布为皇帝。这是帝国最强大的军队，因此宣誓效忠的意义重大。普罗蒂娜写信将这些事件告知元老院，然后将丈夫图拉真的遗体运回罗马，而图拉真在罗马将被神化。哈德良也写信给元老院，为自己未等待元老院批准就称帝而致歉。

但是，这个官方说法却受到了当时一些学者的质疑。历史学家狄奥·卡西乌斯在《罗马史》中对该事件做了完全不同的描述：皇后普罗蒂娜钟情于哈德良，她很可能伪造了图拉真收养哈德

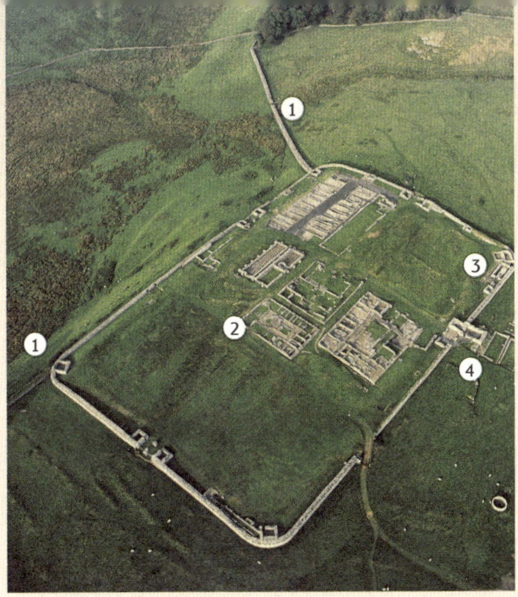

①**哈德良长城** 与要塞营地区相连，提高了整体防御能力。

②**营地** 包括司令部、统帅官邸、议员和存储谷物的仓库，一座营地实际上是一个独立体。

③**公厕** 公厕配备了自来水，是豪斯特兹罗马堡保存最好的遗址之一。

④**民用营** 位于军营围墙后方，今仅留存几处遗迹。

豪斯特兹堡 哈德良长城旁15处防御工事之一，约有军团驻兵800名，是保存最完好的罗马堡之一。

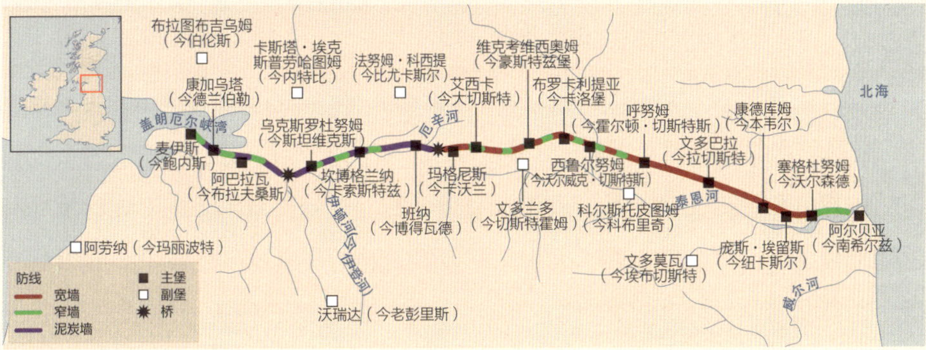

良的消息。另外，皇帝图拉真去世后，皇后普罗蒂娜和阿提安在等待数天之后才公布死讯，目的是赶在公布皇帝死讯之前宣布收养哈德良的消息，而剩下的事情就交给哈德良和与他亲近的军队来完成。

现有文献不足以重构这一事件的进程，到底发生了什么至今仍未可知。很多迹象表明，图拉真本来就希望哈德良成为继承人。因此，由于图拉真在返回罗马的途中病情迅速恶化，无论是图拉真仓促地收养了哈德良，或者皇后普罗蒂娜伪造收养事实，这都不违背图拉真的初衷。哈德良

哈德良金币

金币背面是哈德良的肖像，表情自信坚定，蓄有浓密的络腮胡，而这可能是为了遮盖面部的瑕疵。

的妻子是图拉真的外甥女维比亚·萨比娜（Vibia Sabina，萨比娜 [Sabine]），所以哈德良是图拉真最亲近的男性亲人。哈德良和图拉真都来自西班牙南部的意大利卡（今塞尔维亚附近），他的祖先很可能是共和时代某个时期从意大利皮塞嫩郡迁居到伊比利亚半岛的。公元 86 年，哈德良的父亲去世，图拉真和近卫军长官阿奇里乌斯·阿提安成为哈德良的监护人。哈德良一直跟随图拉真，他的职业生涯始于图密善统治时期，却是在图拉真统治期间才担任了财政官等重要职务。哈德良还参加了重要的军事行动，如帕提亚战争和两次达契亚战争，曾因英勇的表现而获得勋章。最后，当生病的图拉真决定返回罗马时，他选择将美索不达米亚交给哈德良接管，这为官方说法的成立提供了重要依据。

如果说由于收养问题的不合法使哈德良执政初期遭到质疑，那么他与前任皇帝图拉真不同的执政理念更是使其备受攻击。公元 117 年，近卫军长官阿奇里乌斯·阿提安到达罗马后不久，四位享有盛名的元老就被戴上了犯有煽动叛乱和密谋推翻皇帝的罪名并被判以死刑，而他们是——卢修斯·昆图斯、哈维狄乌斯·尼格里努斯（Caius Avidius Negrinus）、科尔涅利乌斯·帕尔马（Aulus Cornelius Palma Frontonianus）和普布利乌斯·塞尔苏斯（Lucius Publius Celsus）。古代文献证实，他们唯一的罪行是富甲一方，影响力巨大，而新皇帝哈德良试图除掉政府的反对者。当时，哈德良在叙利亚，声称自己并未参与其中，杀死这四人是忠心耿耿的阿提安擅自决定的。但是，这一事件对哈德良和元老院的关系产生了深远的影响。因此，在哈德良统治期间，即使他采取的政策与前任图拉真并无太大不同，但元老院与皇帝之间短暂的和平也已经被打破了。

帝国的长城

不列颠岛修建的哈德良长城，是罗马帝国外交政策改变的最好证明。为了保证罗马人过上更加安定美好的生活，哈德良认为必须加强边境防御，而哈德良长城只是他采取的众多防御策略之一。自公元 121 年起，莱茵河和多瑙河边境，以及后来的非洲和东方边境也实施了同样的改革——封闭边境。正如《罗马帝王纪》（*Histoire auguste*）所言，罗马长城将文明人和“野蛮人”分隔开来。这个在罗马历史上前所未有的决定震惊了众人。希腊人埃利乌斯・阿里斯蒂德斯（Aelius Aristide）这样写道："您认为围绕罗马城修建城墙是不高尚的，与帝国理念背道而驰，就好像是您把罗马城藏起来或者逃避您的臣民；但是，您却没有忘记修建长城，不是把罗马城包围起来，而是把帝国围在其中……在帝国的最外圈之外，如在边境要塞城市，您绘制了第二个圈，这个圈更弯曲、更易防守。您在那里建造城墙，在各个地点建立了住满移民的边境城市。您给予这些城市实用的艺术和其他的装饰。这个圈完全被军营包围，就好像是一条战壕。"

大部分贵族公开反对这一政策，认为这是怯懦的行径，无异于宣告无限拓展罗马帝国疆域理想的终结。这些异议可能是哈德良执政初期四位元老迅速被处决的原因。但是，在文学作品和一些研究著作中，尽管这一新的政策被理解成是消极博爱主义的结果，而实际上却并非如此。

哈德良是一个老练且经验丰富的军人，他在图拉真时代获得的很多凯旋勋章也证明了这一点。哈德良的雕塑形象或刻在硬币上的形象经常是身着全副甲胄，体现了他作为罗马国家元首很重要的一个方面。哈德良从未淡出军事生活，他着手边境改革，因而需要重组军队，并对此表现出浓厚的兴趣。《罗马帝王纪》把哈德良描述成一位战士皇帝，并将他与他的养父图拉真或共和国时代的伟大将领西庇阿（Scipion l'Africain）相提并论。与图拉真一样，哈德良也和士兵一同经历了军旅生活的疲惫与困苦，他吃惯了普通的口粮，厌恶奢侈，亲身参加军事训练，像普通的士兵一样睡在军营帐篷中。但是，为了重组军队，哈德良制定了铁一般的纪律，尤其强调士兵必须住在营地。面对入侵的敌人，纪律对于保持部队在战场上的表现至关重要，而哈德良将纪律神化并成为军营士兵的信仰。同时，哈德良也采取了温和的措施，允许军人将财产遗赠给后人，尽管他们被禁止结婚而不能拥有合法的孩子。当然，这项措施的目的无疑是使兵役更具有吸引力，更有利于招募士兵。

哈德良刚登上皇位，就颁布了上述措施。统治期间，哈德良在帝国各处巡游，不断制定新的措施。公元118年，哈德良在叙利亚建立军队。在返回罗马之前，哈德良甚至还巡视了多瑙河和莱茵河边境，亲自训练军队，并加强了他手下军队的地位。在今阿尔及利亚拉百瑟斯发现的碑文记录了哈德良巡视军营时的演说，这份关

征服敌人：皇帝哈德良的军事生涯

哈德良热爱希腊文学，并且在他统治期间放弃对外扩张策略，因此给后人留下了宽容甚至是反战的和平主义者印象。但是，这个形象与真实的哈德良相去甚远。众所周知，哈德良非常积极地参与军事活动，停止对外扩张是一项战略决策，而不是反战政策的产物。

哈德良登上皇位之前，就已经是一名经验丰富的老兵。哈德良的军事生涯始于公元 95 年，当时他才 19 岁，在潘诺尼亚的阿昆库姆城（今布达佩斯）担任保民官。公元 96 年和公元 97 年，哈德良分别在默西亚和低地日耳曼任保民官。其实，元老院成员陆续在三个不同军团担任保民官是没有先例的。在图拉真统治时期，哈德良参加了两次达契亚战争（公元 101 年—公元 102 年，以及公元 105 年—公元 106 年），还经历了帕提亚战争，参加了在亚美尼亚和美索不达米亚的战役。除了丰富的战争经历，哈德良在图拉真统治时期还担任低地潘诺尼亚和叙利亚等边境行省的总督。

槲叶环 罗马共和国时代，槲叶环被授予那些在战场上拯救了罗马公民的人。从奥古斯都时代起，这种以橡树叶编织而成的王冠成为皇帝的典型装饰。

胸甲 胸甲饰是哈德良统治时期的特有形象，即上方是女神雅典娜，下方是传说中哺育了罗慕路斯（Romulus）和雷穆斯（Remus）的卡比托利欧山的母狼，二者被两位胜利女神所围绕，象征哈德良希望实现罗马和希腊的联合。

被征服的敌人 在古代的很多文化中都有统帅踩踏失败者这个姿势，罗马人也不例外。

键的文献最能说明哈德良对军队建设的关切程度：他敦促士兵每天练习使用武器，建造防御工事，进行体育锻炼，包括跑步、跳高和竞走。据《罗马帝王纪》记载，哈德良“训练士兵，就好像战争即将到来一样”。至于这一时期军事政策的转变，应当指出的是，虽然建造长城、防御边境的目的是保卫领土，但罗马大部队的活动促进了边境地区的经济和文化交流，反而为该地区注入了活力。

哈德良的巡游

哈德良放弃对外征战，重整边境，希望促进帝国内部的发展。为了实现这一目标，哈德良做了多方面努力。哈德良关心法律的实施，与臣民保持着密切的往来，并且不断制定兴建公

哈德良别墅

哈德良建在蒂沃利山的一个行宫（据说哈德良讨厌帕拉蒂尼山的宫殿）。在生命的最后几年，哈德良在这里统治着罗马帝国，他在行宫接待朝臣，并依靠非常高效的信件往来与罗马保持联系。

哈德良和他在罗马帝国的巡游

在哈德良以前，很多罗马皇帝巡游过浩瀚的帝国领土，如奥古斯都、克劳狄、尼禄、图密善、图拉真等。除了尼禄在希腊的文化之旅外，其他皇帝巡游帝国的动机都是扩张新领土。从哈德良公元 121 年—公元 125 年间的第一次大巡游可以看出，他很重视军事问题，但是他强调领土防御而非对外扩张，因此他重视维持军团的纪律，加强边境防范，保护罗马人民的安宁。哈德良巡游的目的与之前的皇帝非常不同，他渴望近距离了解帝国的领土，尤其是希腊地中海地区，并以此改善庞大帝国的政治管理。伴随而来的是哈德良对建筑的巨大热情，他建造了宏伟的建筑，设计建造的基础设施也旨在方便帝国城市居民的日常生活。

1 不列颠 公元122年，哈德良抵达罗马帝国北境，建造了以他名字命名的长城，将罗马人与“蛮族”人分隔开来。

哲学家式的胡须

哈德良是第一位蓄胡须的皇帝，浓密的络腮胡使他看起来属于希腊世界，因为这是希腊哲学家的特征。当时，蓄胡须在罗马风靡一时，被各个阶层的罗马公民模仿。该雕像现藏于罗马国家博物馆。

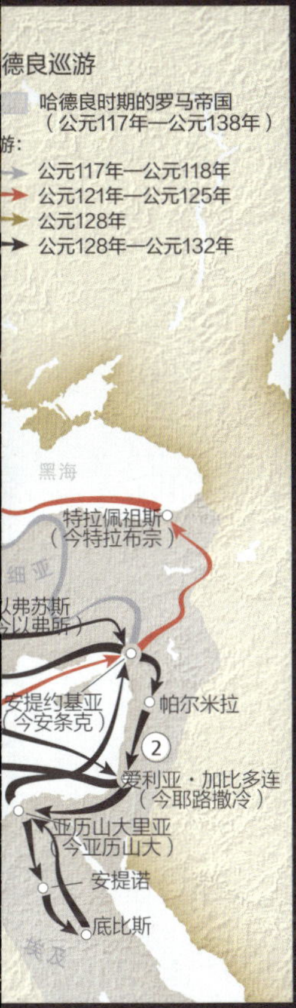

❷犹太　哈德良在从前的耶路撒冷城废墟上建立了爱利亚·加比多连殖民地，并在公元130年参观了这座城市。

❸雅典　雅典是哈德良偏爱的城市，他无论是在登基前还是登基后都经常来这里。哈德良在雅典建立了无数的公共工程，值得一提的是他在这里修建了一座渡槽。

大兴土木的哈德良

哈德良统治时期停止了对外远征，长期的和平带来了罗马帝国的繁荣。哈德良对艺术和建筑的巨大热情，使他统治的时代成为罗马历史上公共工程建设最兴盛的时代之一。除了在罗马建造的宏伟建筑之外，还有很多其他工程是哈德良在巡游期间通过广泛接触臣民时为他们的需要建造的。罗马帝国政府出资在大多数行省建造了很多建筑，如在不列颠建有伦敦的大教堂和莱斯特广场及柱廊大厅，在杰拉什（今约旦）建有奢华典雅的建筑物。哈德良还修建道路和渡槽，完成了许多前任皇帝未做完的工程。哈德良对一些城市格外关注，如西班牙的意大利卡和希腊的雅典。哈德良在意大利卡建造了一座巨大的图拉真神庙，在雅典完成了庞大的奥林匹亚宙斯神庙，并新建了很多建筑如宏伟美丽的哈德良图书馆。

上图　以弗所哈德良神庙遗址。这座献给哈德良的神庙建于公元138年，以半圆柱顶闻名。

下图　杰拉什哈德良拱门。为纪念公元130年哈德良皇帝的造访而建，大门宽25米、高20余米。

共工程的政策。最重要的是，哈德良在帝国四境进行了巡游视察。哈德良是一位到处巡游的皇帝，他走遍了帝国大部分行省，亲自了解民众的问题，为他们提供必要的帮助。狄奥·卡西乌斯写道："他的慷慨惠及所有联盟城市和被征服的城市，没有任何一个皇帝像他这样走访罗马的大部分城市，并为他们排忧解难。他为一些城市解决水的问题，在另一些城市建设港口和建筑、提供小麦和金钱，还授予一些城市特权。"

丰富的文学、古币学和碑铭学文献描述了哈德良的帝国巡游历程，但是确切路线仍然不得而知。对于哈德良巡游的路线、方向和各个阶段，不乏争论和猜测。抛开这些问题，哈德良在罗马领土上的游历令人惊叹，但他的同时代人并不羡慕他的巡游生活。诗人弗罗鲁斯（Florus）写了这样一首讽刺诗："我可不想成为皇帝，在不列颠晃荡，在日耳曼东躲西藏，忍受斯基泰的风霜。"哈德良读到这首诗后，毫不犹豫地回复道："我可不想成为弗罗鲁斯，在下等咖啡馆晃荡，在小酒馆东躲西藏，忍受蚊虫的叮咬。"

公元 121 年春，哈德良离开罗马巡游，直到公元 125 年才回国。这一时期，哈德良的足迹遍布莱茵河和多瑙河行省，直到不列颠岛北部，并在那里建造了以他的名字命名的长城——哈德良长城。随后，哈德良穿过高卢行省，南下到达西班牙，可能还经过北非到达了小亚细亚和黑海。正是在这段漫长的旅程中，哈德良遇到了安提诺乌斯（Antinoüs）。在哈德良的旅途中，一直有这位美少年的陪伴，直到后者在尼罗河神秘死亡，他死后被皇帝列为神。

在返回罗马的途中，哈德良在巴尔干、希腊（尤其是雅典）和西西里岛做了停留。哈德良在公元 128 年—公元 132 年进行了第二次巡游旅程，而他公元 127 年还在意大利半岛巡游。夏天，哈德良出发前往北非，并在旅程第一年的秋天到达雅典，参加了厄琉息斯秘仪。第二年，哈德良视察了亚细亚、叙利亚和犹太的城市。在耶路撒冷，哈德良决定建立罗马殖民地爱利亚·加比多连，并引发了新的起义，即最后一次犹太-罗马战争（第二次犹太战争）。公元 130 年，哈德良到了埃及，至少南下至底比斯。公元 131 年，在返回罗马的途中，哈德良在亚细亚和雅典停留了一段

安提诺乌斯——哈德良的年轻男宠

安提诺乌斯出生在比提尼亚行省，位于今土耳其境内。安提诺乌斯大约生于公元 110 年，可能是在公元 123 年哈德良第一次巡游经过亚细亚时进入哈德良宫廷的，那时他还是个年轻男孩。安提诺乌斯的美貌吸引了哈德良，很快成为皇帝的男宠。

二人相遇后，安提诺乌斯一直陪伴在哈德良皇帝身边。公元 130 年，这位年轻的男子在埃及丧生，原因不明。根据官方说法，安提诺乌斯是在尼罗河因意外而落水身亡的，但古代的一些学者断言他是自杀，还有另一些人认为他是为了哈德良皇帝长久昌盛的统治而被献祭。无论如何，哈德良因此陷入了绝望。为了纪念安提诺乌斯，哈德良在这个年轻男子丧生的地方建立了一座城市，并将其命名为安提诺（今埃及南部安提诺波利斯城），即“安提诺乌斯之城”。哈德良将安提诺乌斯列为神，为他创造节日、建造庙宇、任命祭司，并试图说服希腊人和罗马人朝拜这位新神。哈德良本人也参与建立了这位死去的少年神的形象，并在整个地中海地区建造他的雕像，至今仍留存 90 多件，其中罗马国家博物馆现藏有一尊大理石半身像（右图）。从文艺复兴到今天，艺术家们对这个神秘人物的好奇从未停止。

时间，并得知了犹太人发动起义的消息。

些学者认为，哈德良赶赴东方指挥战争了；另一些人认为，他直接返回了罗马。无论如何，哈德良在公元 134 年回到帝国首都后，因为生病再也没有离开过罗马，直到公元 138 年因病去世。

大量碑铭学和古币学证据显示了哈德良在各行省的巡游经历，以及他对国家平稳运行和繁荣发展的重视。特别值得一提的是，罗马发行了一系列硬币，上面刻有哈德良扶助穷困行省的图案，这很好地说明了皇帝巡游的目的。

哈德良返回罗马
（第 126 页）

公元 2 世纪，皇帝安敦尼·庇护为纪念哈德良建造了一座拱门，拱门的浮雕描绘了哈德良第一次巡游帝国返回罗马的情景。现藏于罗马保守宫。

哈德良·奥古斯都的统治

哈德良放弃了他的大多数头衔，只保留了“哈德良·奥古斯都”称号。显然，哈德良希望自己的统治被视作是继承自罗马帝国开国皇帝奥古斯都，这也是为什么他为自己建立的陵墓与奥古斯都陵墓的形状都很相似。这座陵墓即圣天使堡，通过台伯河上的一座桥与罗马相连，而这座桥也是在哈德良统治时期建造的。

与奥古斯都一样，哈德良也在帝国首都罗马大兴土木，并留下了很多痕迹。其中，最显著的是战神广场上的万神殿。哈德良在万神殿附近修建了图拉真神殿，使前任帝王图拉真建造的广场更加完美；他还在从前的共和广场上建造了维纳斯神庙和罗马神庙，使其成为罗马最宏伟的建筑。

哈德良的统治政策，根本上是为了保持罗马帝国的繁荣。哈德良开展了各种各样的活动，竭力巩固弗拉维王朝时期开始的国家中央集权化和官僚化的进程。从这个意义上说，哈德良接近公元 2 世纪的皇帝。哈德良实施了许多改革，创建了四个帝国机构负责意大利的司法和政治管理。这样一来，意大利的地位被弱化了，与其他行省无异。元老院反对这一政策，而这让皇帝与元老院之间的关系更加紧张。哈德良还增加了骑士阶层出身的地方财政长官的数量，甚至创建了负责保管国库的职位并专门由骑士担任，使他们不必先参军就可以直接出任令人艳羡的帝国财政长官职务（国库保管官员有责任在纳税人提起法律诉讼时保护国库的利益）。在这方面，政府还承诺取消公民的税收债务，如尤利娅元老院议事堂内侧的浮雕就描绘了记录纳税人及金额的名册在广场上被公开焚毁的场景。

哈德良在司法领域也进行了诸多改革，层出不穷的政策几乎涵盖了法律的各个方面，从根本上力求立法的统一和标准化。有一个很好的例子是，哈德良下令法学家萨尔维乌斯·尤利安努斯（Salvius Iulianus，尤利安 [Julien]）起草了著名的《永久敕令》（*edictum perpetuum*）。敕令经元老院通过，旨在使民法更加统一。在公元 2 世纪，通常每位大法官在上任之初都要宣布审判所依据的法令，而原则上每位大法官都可以随意修改这些法令，由此便造成了困惑和极大的不稳定。为了避免这些问题，哈德良颁布了唯一的法令，并且大法官们无权修改。尤利安还奉命制定了年度法令，由地方总督、城市大法官和市政官颁布。

重建阿格里帕万神殿

哈德良在造型艺术领域具有古典的审美倾向，是建筑领域的先驱。哈德良参与了许多建筑的设计，表现了对新颖性的追求。

阿格里帕万神殿是哈德良最具创新性的项目。哈德良热衷试验且追求新的建筑方案，他设计的建筑将由巨大的整体圆柱支撑古典门廊和坚固砖墙支撑的巨大穹顶结合在一起，内部空间华丽浮艳，色彩丰富。古老的形式与新式的设计融为一体，创造出别具一格的建筑，至今仍然令游客叹为观止。万神殿于公元 125 年建成。

为了改善法律的适用性，哈德良宣布只有专家（慎密者）在某一问题上达成一致，法官的判决才成立。否则，哈德良将在元首顾问委员会的协助下做出最终裁决，该委员会大部分成员都是法律专家。这些政策使哈德良独揽了司法大权。

除了法律领域之外，哈德良的立法工作还涉及经济领域。哈德良颁布了一项非洲土地开荒的法令，既改善了生产者的经济状况，又能够增加收成。此外，哈德良还颁布了一系列开采帝国矿产的法令，而这些矿产一般都是租给个人的。在阿尔茹什特雷尔（今葡萄牙）附近的维斯帕卡矿山地区发

①**始建者** 柱廊檐壁刻有关于马尔库斯·维普萨纽斯·阿格里帕（Marcus Vipsanius Agrippa）的铭文，他是奥古斯都皇帝的副手，于公元前21年建造了万神殿。

②**柱廊** 万神殿正面朝北，由八根巨大的圆柱支撑，柱头采用科林斯式。两行廊柱将内部空间分为三个殿。

③**穹顶** 这是古代世界最大的穹顶，面积甚至超过了梵蒂冈的圣彼得大教堂。拱顶内壁由五圈藻井组成，穹顶中央开了一个直径8.9米的通天圆孔。

④**屋顶** 屋顶由七层水平环状圆筒构成，将穹顶荷载传递给混凝土墙基。

⑤**体积** 内部顶端高度达43.2米，与顶部大穹顶直径等同。这一令人叹为观止的建设归功于大马士革的建筑师阿波罗多洛斯。

⑥**神祇** 万神殿中有7个神龛，分别供奉罗马天神：索尔（le Soleil，太阳）、露娜（la Lune，月亮）、墨丘利（Mercure，水星）、维纳斯（Vénus，金星）、玛尔斯（Mars，火星）、朱庇特（Jupiter，木星）和萨杜恩（Saturne，土星）。

现的一块青铜版上，刻有非常详细的法律条文，而且关于开发黎巴嫩山区帝国森林的条文也同样非常细致。哈德良时期还出台了另一项法令，规定由罗马粮食供应机构阿诺纳负责提供油这项生活必需品。后来，该法令被收入《民法大全》（*Digeste*，查士丁尼一世 [Justinien Ier] 下令在公元 529 年—公元 543 年间编纂的罗马法律合集），这是国家介入私人商业活动的又一个例子。

哈德良是拉丁公民权改革的发起者。此前，罗马公民权只授予政务官；改革后，拉丁地区所有十人队长都可以获得

哈德良陵墓

（第 130—131 页）

这座令人惊奇的陵墓建在台伯河沿岸，于公元 135 年由哈德良指挥建造，以作为他自己和家人的安息之地。四年后，这座陵墓由哈德良的继任者安敦尼·庇护完成。

希腊城邦联盟：全体希腊人的联合

哈德良热爱并崇拜希腊文化，是希腊文化的支持者，也是一个老到的政治家，尽力抓住希腊世界提供的经济和社会机遇。

希腊城邦联盟以位于雅典的城市联盟为基础。为了能够加入这个精英联盟并派代表参加委员会，各城市必须证明自己的希腊出身。因此，希腊城邦联盟聚集了来自希腊大陆、小亚细亚和更远的地区（如利比亚）的城市。联盟委员会委员一般由哈德良的祭司担任，他们头戴仪式花环，并戴有哈德良皇帝半身像。联盟在阿提卡有几个集会场所，包括雅典的奥林匹亚宙斯神庙，这座神庙是由哈德良资助修建竣工的。联盟的发起者到底是哈德良还是希腊人，至今仍未可知，但最有可能是双方力量共同促成的：当地希腊贵族需要达成政治愿望，而哈德良则希望激发帝国东部地区的活力。

插图 雅典奥林匹亚宙斯神庙。

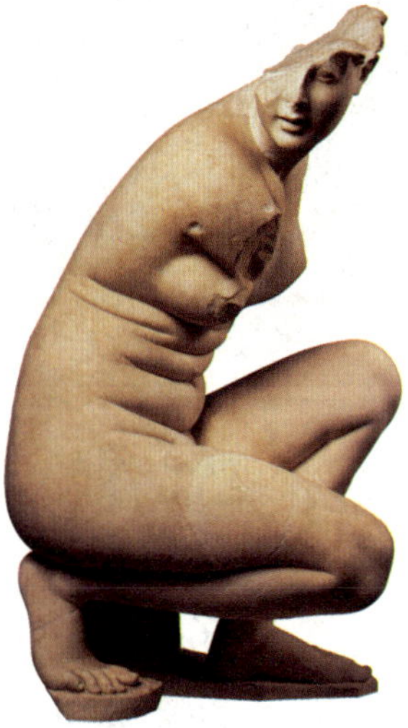

维纳斯女神

哈德良建在蒂沃利的别墅中装饰着这样的古典雕像，表明了这位西班牙皇帝对希腊美学的推崇。这尊帕罗斯大理石雕像可能是哈德良在希腊巡游时获得的，现藏于罗马国家博物馆。

罗马公民权。

哈德良统治下的罗马帝国拓展到整个已知世界，从不列颠岛到撒哈拉沙漠，从欧洲大西洋沿岸到美索不达米亚的底格里斯河和幼发拉底河。这片庞大的领土围绕地中海和 90 000 公里的道路建立起来，通达的道路网非常有名，使得人、商品、思想和神祇的交往与流通成为可能。但是，在哈德良以后，这个庞大的帝国再也不受单一权力的控制了。罗马帝国具有共同的文化道德观，但是由于不同民族的融合，内部呈现出巨大的地区多样性。毫无疑问，作家玛格丽特·尤瑟纳尔（Marguerite Yourcenar）在她著名的小说《哈德良回忆录》（*Mémoires d'Hadrien*）中的描述最能体现这个泛地中海帝国的复杂性和统一性："当大半个世界都还布满了森林、沙漠

和荒地的时候，看到下面的事物会觉得很美妙吧：一条石板路，一座不知供奉什么神的庙宇，一些浴场和公厕，理发店前有理发师和顾客在讨论罗马的新闻，一间糕点店、鞋店，或者还有书店、行医招牌，以及时不时上演泰伦提乌斯（Térence）剧作的剧院。挑剔的人会抱怨各个城市都一样，他们为在各处都看到同一个皇帝的雕像和同样的输水管道而难过。但是，他们错了，尼姆城的美和阿尔勒城的美是不同的。然而，对巡游的皇帝来说，在三大洲见到风格统一的城市就好像见到军事界碑一样，他为之感到高兴。对他而言，即便是最平庸不堪的城市仍然具有令人安心的声望，因为它可以作为驿站、哨所或者庇护之处。"

帝国的文化和政治根基是希腊和罗马传统的融合。这两种传统密切结合在一起，甚至根本无法找到起源或者两种不同文化最初的表现形式。这种所谓希腊–罗马文化政治共同体，被整个帝国的贵族阶层所接受。

帝国政府中有若干名来自东方的官员，他们与西方和意大利的权贵共同分享政治权力，这是希腊和罗马传统融合的最生动的表现。例如，贝提卡省（哈德良统治的政治基石）总督和帝国军团司令都来自东方。其中，前者是著名的历史学家和军事家弗拉维乌斯·阿里安努斯（Flavius Arrianus，阿里安 [Arrien]），他的《远征记》（*Anabase*）是了解亚历山大大帝生平的重要著作；后者是盖乌斯·尤利乌斯·欧瑞克莱斯（Gaius Julius Euryclès），出身斯巴达地区的名门望族。

这一时期的罗马建筑也体现了东西方文化的充分融合，而意大利卡建造的新区和雅典扩建工程之间惊人相似的风格无疑是最好的例证。这两座城市的标志性建筑是意大利卡的图拉真神庙和阿提卡首府的哈德良图书馆，二者具有明显的相似之处。哈德良在罗马附近建造的用于休息和休闲的豪华宫殿蒂沃利别墅，也体现了这种融合趋势。

然而，最能够表现文化相似性的无疑是外貌，哈德良蓄的胡须和希腊哲学家如出一辙。《罗马帝王纪》认为，哈德良蓄胡须的真正意图是遮盖脸上的瑕疵，但直到公元 3 世纪止，继任的皇帝无一不留着同样的胡须。哈德良还颁布了一项法律，明确规定元老和骑士必须在公开场合穿托加长袍。当然，哈德良自己也是同样的着装，至少他在意大利时是这样。所以，哈德良是一位穿着长袍、留着胡须的皇帝。如果没有研究的人看到这种组合，会以为这是罗马化的显著特征，但其实这是一种创新，一种对罗马身份及其外在形象的前所未有的改变。

哈德良和希腊世界

今天，参观雅典古市集的人都可以看到在显眼的位置威严地矗立着一座哈德良雕像，他身披护胸甲——铠甲上饰有女神雅典娜的图案，下方是传说中哺育了罗慕路斯和雷穆斯的卡比托利欧山的母狼，整体被两个长着翅膀的胜利女神所围绕，这是在描绘哈德良时经常使用的形象，通常意味着整个希腊（尤其是伟大的雅典城）在他的统治下实现了复兴。在这里，人们纪念哈德良皇帝，把他视为希腊文明的守护者。

哈德良从小就对希腊世界充满兴趣，因此得到了“小希腊人”的绰号。哈德良在希腊（尤其是在雅典）度过了很长时间，对那里有一种特殊的亲近感。在登基前，哈德良曾担任雅典执政官，并且参加了厄琉息斯秘仪。对雅典的偏爱促使哈德良完成了雄伟的奥林匹亚宙斯神庙的建造，这座神庙从庇西特拉图（Pisistrate）时代起动工，但数度停工。在神殿不远处，哈德良建立了一个新区，带有当时在其他地中海城市使用的复杂风格。哈德良拱门是为纪念他对这座城市的重塑，至今仍可见。哈德良还在雅典建立了一座哈德良图书馆，与他在亚历山大城建立的图书馆类似，主要用来存放法律和行政档案而不是为了公众阅读。

哈德良虽然对阿提卡的首府雅典抱有特殊的热情，但也没有忽视希腊其他地区。哈德良建造了很多建筑物，在巡游过程中捐赠了大量财物，并努力解决公民生活问题，这一点在皇帝的通信中得到了证实。希腊城邦联盟的创立，标志着这些密切的联系发展到了顶点。来自地中海各地的希腊城市聚集在雅典集会，会议很有可能就在奥林匹亚宙斯神庙中举行。哈德良的意图是将希腊组织成一个整体的力量，并与罗马联合起来，就像他在西方通过授予外乡人拉丁公民权所达到的目的一样。毫无疑问，哈德良实现了这一目标，并因此导致了罗马帝国的中心向东方迁移的漫长历程。在联盟的框架内，选出城市中最有名望的人为代表与皇帝建立更紧密的关系，并谋求社会阶层的提升。其中，一些代表还在帝国政府内部担任重要职位。很快，元老院中来自东方的元老人数增加，希腊地区的显贵人士开始担任要职并明显地参与了帝国共同命运的构建。

哈德良对希腊如此关心，希腊人非常感动。为了颂扬皇帝的形象，他们建造了许多祭坛来纪念东方的建造者和解放者——哈德良，仅在雅典就有一百多个祭坛，体现了他们对帝王崇拜的巨大热情（至少在官方层面上是如此）。他们甚至将哈德良与宙斯联系起来（尤其是哈德良奥林匹亚式的庄严外表），还在奥林匹亚宙斯神庙竖起了一座哈德良的巨大雕像。

厄琉息斯的德墨忒尔圣所

圣所供奉着女神德墨忒尔（Déméter）和她的女儿珀耳塞福涅（Perséphone），希腊世界里最著名的厄琉息斯秘仪在此举行。这座圣所位于距离希腊18公里的阿提卡，哈德良在巡游罗马东方的旅程中曾来到这里，并参加了厄琉息斯秘仪。

罗马帝国与现当代多数大的政治结构体不同，如不列颠帝国或西班牙帝国，其不存在由中央集权支持的单一宗教，也不在行省过度热情地传播宗教。罗马帝国的意愿并不是使被征服的民族皈依一种坚定的信仰，而是只要臣民遵守秩序，按时缴税，对帝国政权忠心耿耿，罗马就不会干涉他们的信仰。这就是为什么除了一些特例外，如以人作为牺牲的凯尔特宗教或者拒绝朝拜神灵的基督教，异教徒在罗马并未遭受过劫难，也没有发动过宗教战争。

巴勒斯坦的犹太人

然而，犹太人却是个例外。在哈德良统治期间，罗马和犹太人之间长期持续的动荡关系彻底画上了句号。在尼禄时代发生的犹太战争以韦帕芗和提图斯的胜利而告终，但这次新的冲突由巴尔·科赫巴（Bar Kokhba）领导，称为巴尔·科赫巴起义。这次冲突从公元 132 年持续至公元 135 年，仅限于犹太地区。犹太人使用游击战术，很难彻底镇压，而这让罗马军损失惨重。战争的走向令人担忧，哈德良只好向该地区派遣了许多援军。最后，在一片欢呼声中，哈德良又重新担任了本已辞去的军队统帅职位。

这次冲突的真正原因并无定论。一些学者认为，可能是哈德良巡游该地区时在耶路撒冷建立了罗马殖民地爱利亚·加比多连，从而引发了战争；另一些学者认为，哈德良颁布的所谓禁止割礼的法令是触发因素；还有一些人认为，两种原因都存在。总之，哈德良负有战争责任。

公元 132 年，等哈德良离开犹太后，起义者便拿起了武器。在战争的前两年，他们占领了犹太大部分地区，并夺取了耶路撒冷。巴尔·科赫巴硬币上绘刻的传说表明，夺取耶路撒冷是他们的主要目标。起义者建立了一个独立国家，并着手任命官员，铸造货币，租赁公共土地。根据在犹太沙漠中发现的西蒙·巴尔·科赫巴（Simon Bar Kokhba，巴尔·科赫巴）的信件，他作为军队统领和执政者，注重保持部队的士气和纪律，并要求遵守严格的宗教戒律。起义时，罗马人在该地区只驻扎了一个罗马军团，即第十海峡军团，但很快就被击溃。哈德良不得不从东方（叙利亚、埃及和阿拉伯）再派出四个增援部队，还派出了驻扎在多瑙河防线的几支分遣部队。尽管有大量援军，罗马军队还是遭受了重大损失，特别是埃及军团被歼灭了。塞克斯图斯·尤利乌斯·塞弗勒斯（Sextus Julius Severus）将军不得不从不列颠前往犹太镇压起义，并担任行省总督。公元 134 年，塞克斯图斯·尤利乌斯·塞弗勒斯夺回了耶路撒冷，并于次年镇压了起义军。在罗马军队攻打最后一个被起义者占据的要塞时，起义军首领巴尔·科赫巴战死。不过，停战协议对战败者极其严苛，大部分犹太人被迫离开这个地区。哈德良明令禁止他们进入耶路撒冷，每年只可去朝拜一次；他们还必须向罗马帝国缴纳最高数额的贡赋。哈德良将该地区重新进行了行政划分，建立了叙利亚-巴勒斯坦行省，首府爱利亚·加比多连，并由两个常驻军团守卫。

爱利亚·加比多连：哈德良的耶路撒冷

尽管有大量的参考文献，但在耶路撒冷旧址上建立罗马殖民地爱利亚·加比多连的具体日期尚不清楚。在提图斯摧毁这座城市后，耶路撒冷基本上被弃置，只有军团部队驻扎。

主要由军团老兵驻扎的殖民地的建立，以及其他与犹太人习俗相背离的措施，导致了巴尔·科赫巴起义。按照历史学家狄奥·卡西乌斯的说法，殖民地的建立是在起义之前，有可能是公元130年哈德良巡游该地区的时候所建立的。不管怎样，建立殖民地后并没有进行大量的工程，而关于这个时期该城市的文献非常少。从前耶路撒冷被改造成纪念罗马统治者家族（这也是爱利亚·加比多连命名的来源）的异教之地，直到君士坦丁时代随着这座城市的基督化，耶路撒冷才重新获得它的崇高地位。

右图 纪念起义的硬币。

为了使新的行省安定有序，哈德良除了建立安置老兵的聚居区外，还建立了庞大的道路网。学者们认为，这是该地区规模最大的道路网。根据在该地区发现的军事界碑，可以确定有十几条道路，而这与哈德良在犹太地区的巡游有关。不过，这座新城永远难以真正地从提图斯时代的犹太战争和巴尔·科赫巴起义造成的摧毁中恢复过来，但在有了宽广的道路网后，它仍然是这个地区最罗马化的城市。

档案：罗马的东方宗教

罗马帝国最重要的宗教现象之一，是起源于东方的各种宗教和神灵的出现与传播。

在公元1世纪—公元2世纪，尤其是弗拉维和安敦尼王朝统治时期，地中海地区和平稳定，东方的神祇和宗教出现在罗马帝国成为民众的敬拜对象。其中，最重要的是对伊西斯（Isis）、密特拉（Mithra）和库伯勒（Cybèle）的崇拜。这三位神灵扎根于地中海盆地文化，它们的异域色彩经过改造后符合罗马居民的口味，并在罗马帝国极其流行。

秘教

这些宗教崇拜的显著特点是源于基本宗教习俗的神秘启蒙仪式或秘仪，很可能受到了厄琉息斯圣所祭拜仪式的影响。厄琉息斯圣所供奉德墨忒尔和科瑞（Coré），这两位希腊神

密特拉祭坛（第140页） 帝国时期在首都建造的45座密特拉神庙之一，发现于罗马圣克莱门特大教堂（又名拉特朗圣格肋孟圣殿）下。

库伯勒教血腥的入教仪式

库伯勒女神的祭司被称为伽拉，他们在聆听出神的音乐（钹、巴斯克鼓、手鼓，除松树之外的其他象征阿提斯[Attis]之物）、服用致幻物和自我鞭打中达到狂喜的状态，仿效阿提斯自愿割掉生殖器。狂喜过后，新入教的教徒身着女性服饰以示男性气质的丧失。在安敦尼·庇护统治时期，罗马人引入了大祭司的职务，大祭司不必自我阉割。这样一来，罗马公民尤其是贵族就可以入教，并直接参加宗教仪式了。同时，在安敦尼·庇护统治时期还出现了牛祭。牛被杀死后，睾丸将被献给女神，牛血则用来为库伯勒教徒行洗礼。

插图 头戴弗里吉亚帽的希腊女神，现藏于伦敦佳士得。

图拉真和伊西斯神庙

菲莱是一座位于尼罗河中的岛屿，在阿斯旺南部。建设阿斯旺大坝时，菲莱岛被淹没，法老王建造的庙宇和罗马皇帝建造的建筑物（如上图的图拉真亭）都被转移到艾格里卡岛上。

右图 庞贝古城神秘别墅壁画（公元1世纪），描绘了女神伊西斯和奈芙蒂斯（Mystères）立于神圣鳄鱼的两侧。

祇的信徒参加秘仪后入教，并且不能向教外人士透露崇拜内容和仪式过程，否则将被视为渎神。启蒙仪式是信徒与神直接沟通的渠道，通过秘仪的新入教者进入神圣的团体，保守共同的秘密。

这些东方秘教融入了罗马帝国的宗教仪式，其中库伯勒和伊西斯的崇拜仪式甚至成了帝国主流官方宗教。启蒙仪式保留了秘密性和宗派性，这种身份标记将新教派与罗马众神传统祭拜仪式区分开来。实际上，秘教的秘而不宣与罗马众神崇拜仪式的公共开放形成了鲜明对比。

除了宗派性之外，东方神祇与罗马众神的另一个重要的区别是：东方神话包含死亡和复生的概念，与季节往复和农业活动息息相关，而且神的生活是东方宗教的

根源。死亡的概念使东方宗教中出现了救赎，但对于信徒而言这是东方的神所能给予他们最宝贵的财富。救赎是双重的，教徒既能够拥有富足安乐的现世生活，又能在死后得到神的永久守护。

一些历史学家认为，东方宗教是基督教的先导，后者也十分重视死后的救赎。但是，基督教起源于东方，它与其他东方宗教有很多共同点，并与这些宗教在产生的时间和地域上相吻合。考虑到这些因素，更接近现实的观点应该是：东方宗教并不是基督教诞生之前的准备，它们与基督教有着同样的起源，面对同样的社会群体，为他们带来相似的救赎途径。

库伯勒的名字意为“知识的守护者”，她拥有治愈能力，是安纳托利亚的母神。

库伯勒的身旁经常有狮子陪伴，狮子象征着自然和山峦，因此库伯勒是自然和山峦之神。神话记载，年轻的牧羊人阿提斯向库伯勒承诺了永恒的爱情，但他打破誓言娶了弗里几亚的女继承人。在婚礼上，库伯勒突然出现，让所有人陷入了疯狂的爱欲之中。阿提斯在嫉妒的女神面前意乱神迷，最终在松树下用尖利的石块自我阉割而死。所以，松树成了阿提斯的象征之一。

在罗马帝国统治时期，对大母神库伯勒的崇拜分别在克劳狄和安敦尼·庇护统治时期经历了两次变化。在尤利乌斯·克劳狄乌斯王朝期间，罗马人开始以库伯勒的名义庆祝春天的节日，祈求丰收。在庆祝活动中，除了有阿提斯松树之外，信徒还扛着树枝游行，但想要成为伽拉（库伯勒的祭司）则要自我阉割，这样才能成为库伯勒门徒。

埃及宗教

伊西斯是欧西里斯（Osiris）的妹妹和妻子，荷鲁斯（Horus）的母亲，她有强大的魔法，是古代埃及众神中最重要的一位女神。在希腊和罗马帝国时期，她与塞拉皮斯（Sérapis）联系在一起。塞拉皮斯是托勒密王朝的统治者根据伊西斯的配偶欧西里斯而创造的新神，目的是巩固帝国在埃及的统治，并且在希腊和埃及臣民之间搭建沟通的桥梁。塞拉皮斯是孟菲斯的死亡之神阿比斯（Apis）和欧西里斯融合的产物，这位复合神也有罗马冥王普路托（Pluton）的某些特征，尤其是他的外貌特征。因此，塞拉皮斯成了冥王和死者的保护神，后来在希腊和罗马的宗教崇拜中也是治愈之神。

伊西斯崇拜并不仅限于入教者。按照宗教仪式，神庙每日早晨开放、晚上关闭，前来祭拜的信徒众多。伊西斯的圣所使人想起埃及的圣所，巧妙地融合了希腊—罗马宗教艺术的特征和女神起源的国度特有的文化因素，并由身穿亚麻衣服且剃了头的职业祭司管理日常祭拜活动。埃及女神的信徒每年 10 月 26 日至 11 月 3 日庆祝伊西亚节，以纪念欧西里斯的死亡和重生。另一个重要的流行节日是伊西斯之舟，每年 3 月 5 日举行庆祝活动，以纪念埃及女神伊西斯，并标志着航行季节开始。

在罗马元首制早期，埃及神灵的宗教崇拜已经传播到整个希腊并到达罗马，但遭到了奥古斯都和提比略的抵制。然而，他们的后继者们却促进了东方宗教在罗马的发展。伊西亚节被卡利古拉纳入正式的罗马历法，也得到弗拉维王朝皇帝的支持。随后，伊西亚节通过海港航行迅速传播到整个西方，并通过内河航行到达西班牙、高卢和欧洲中部地区。

密特拉——不可战胜的太阳神

密特拉是印度—伊朗神祇，他是契约、畜牧和暮光之神。罗马帝国时期，密特拉进入万神殿并作为秘教被接受，但是原因仍然未知。尽管如此，可以肯定的是，罗马宗教中的密特拉保留了其亚洲神祇的主要特征，包括他的太阳神特质（不可战胜的太阳神）和他作为公牛献祭者的角色。当然，与伊西斯、库伯勒等东方神祇一样，密特拉在被罗马文化接受的过程中也经历了深刻的改变。

目前，已有的与密特拉教相关的资料主要来源于考古和碑铭发现。这些资料证实了密特拉神庙的存在，窄长的神庙是一处处地下洞穴。最著名的是每一座密特拉神庙的密特拉屠牛像，而屠杀公牛是一种被称为“tauroctonie”的仪式。

密特拉教是一种秘教，参加秘仪后称为教徒，并有严格的等级制度。教徒全部为男性，大部分都是士兵和低等级的帝国官员，还包括获释奴和奴隶。直到公元4世纪，密特拉教才成为罗马特权阶级信奉的宗教，并被用来抵制基督教的兴起。

马可·奥勒留

马可·奥勒留（Marc Aurèle）骑马青铜雕像，完成于公元176年。手臂前伸，象征宽宥仁厚；未着铠甲，以塑造和平君主的形象。现藏于罗马卡比托利欧博物馆。

插图（右侧） 马可·奥勒留金币。

帝国的巩固

哈德良长达半个多世纪的统治为帝国明确了方向，罗马帝国进入了鼎盛期。在此期间，王权增强，法律得到发展，政府职能进一步扩大。安敦尼·庇护统治时期，罗马帝国安定繁盛。然而，在马可·奥勒留和路奇乌斯·维鲁斯（Lucius Verus）兄弟的共治时期，以及奥勒留之子康茂德的统治时期，战争频频发生。

哈德良没有合法子嗣。公元136年，哈德良结束东方巡游回到罗马后自知病重，便开始考虑继承人问题。同年，哈德良决定将年轻的元老院成员和执政官路奇乌斯·西奥尼乌斯·康茂德（Lucius Ceionius Commodus）收为养子，至于收养的原因则不清楚。有文献称，这位年轻人缺乏能力，无法履行他的职责；但一些现代学者认为，他可能是哈德良的私生子，虽然这种说法并没有依据。对于哈德良的这个决定，其他觊觎皇位的罗马贵族感到吃惊和愤懑，特别是哈德良的姐夫卢修斯·尤利乌斯·乌尔苏斯·塞尔维安努斯（ Lucius Iulius Ursus

安敦尼·庇护统治大事记

公元138年

被收养并登基 2月，安敦尼被哈德良收为养子；7月，登上王位。

公元139年—公元142年

建造安敦尼长城 军团长官洛利乌斯·乌尔比库斯（Lollius Urbicus）在不列颠建造了新的长城——安敦尼长城，位于哈德良长城以北。

公元141年

神化福斯蒂娜 安敦尼·庇护的妻子福斯蒂娜（Faustine）死后被神化，并为此在罗马广场上建造了一座神庙。

公元147年

罗马周年纪念日 为庆祝罗马城建立900周年，举办了许多大型节庆活动。

公元154年—公元155年

不列颠动乱 罗马铸造硬币纪念打败不列颠，但安敦尼长城不久后被弃置。

公元161年

去世和王位继承 安敦尼·庇护去世，马可·奥勒留继位，这表明在哈德良去世二十年后其制订的王位继承计划仍然奏效。

Servianus，塞尔维安 [Servien]）和他的孙子佩达尼乌斯·福斯库斯·萨利纳托尔（Pedanius Fuscus Salinator）尤其反对继承人人选——因为与皇帝哈德良的姻亲关系，萨利纳托尔本来也是理想的帝位候选人。他们很快被处死了，而哈德良的统治以杀害元老始，也以杀害元老终。

路奇乌斯·西奥尼乌斯·康茂德被收养之后，改名为路奇乌斯·埃利乌斯·恺撒（Lucius Aelius Caesar）。作为哈德良指定的王位继承人，康茂德获得了一部分皇帝的权力。为了庆祝这一事件，哈德良在首都罗马举办了各种娱乐活动，并向人民和军团士兵发放了钱财。但是，公元 138 年 1 月 1 日，哈德良选择的继承人康茂德死了（看起来并非谋杀），王位继承问题又一次摆在了他的面前。

哈德良做出了一个复杂的决定——收养了元老院中一位名叫提图斯·奥雷留斯·福维乌斯·波维努斯·阿里乌斯·安敦尼努斯（Titus Aurelius Fulvius Boionus Arrius Antoninus）的成员，而这个决定将影响帝国未来的五十年。安敦尼努斯享有声誉，因为他的仁善而在后世被称为安敦尼·庇护。对此，元老院很满意，哈德良本人也非常满意，因为新继承人年事已高且没有子嗣。其实，这是哈德良长线计划的一环，他要求安敦尼领养两位罗马的年轻人：一位是马尔库斯·安尼乌斯·维鲁斯（Marcus Annius Verus）的儿子，即未来的马可·奥勒留（当时 17 岁）；另一位是路奇乌斯·埃利乌斯·恺撒（康茂德）的儿子，即后来的路奇乌斯·维鲁斯（当时年仅7岁）。年轻的马可·奥勒留是安敦尼·庇护的外甥，而哈德良还安排将安敦尼的女儿小福斯蒂娜（Faustine la Jeune，为了和同名的母亲福斯蒂娜区别开来）嫁给路奇乌斯·维鲁斯。

哈德良奇特的王位继承“组合”令所有人感到吃惊，即使是在今天也如此。对此，有很多解释：有人认为，哈德良可能企图创建自己的王朝，因此将几位最有影响力的元老联合起来，而他们中大部分都有亲族关系；还有一种说法认为，正如路奇乌斯·西奥尼乌斯·康茂德可能是哈德良的儿子一样，哈德良和马可·奥勒留也是亲属。不过，有一种最合理的假设（尽管这个假设尚未得到确切证实）认为，萨罗尼娜·马提迪亚（Salonina Matidia）的女儿鲁皮利亚·福斯蒂娜（Rupilia Faustina）是马可·奥勒留的祖母，也是哈德良妻子维比亚·萨比娜（Vibia Sabina，萨比娜[Sabine]）的母亲。如果这个假设是成立的，那么意味着未来皇帝马可·奥勒留的祖父和哈德良娶了两姐妹，他们的岳母都是萨罗尼娜·马提迪亚。萨罗尼娜·马提迪亚是图拉真的侄女，公元2世纪初在皇室有很大的影响力。

无论事实到底是什么，哈德良设计的王朝“组合”都成功了。安敦尼·庇护大致完成了他的使命，尽管他对哈德良的安排做了一点小的变动：安敦尼没有把女儿小福斯蒂娜嫁给路奇乌斯·维鲁斯，而是嫁给了马可·奥勒留。这样一来，马可·奥勒留就被明确任命为王位继承人，而安敦尼的统治并没有妨碍王权交给哈德良指定的继承人。

哈德良执政之初，与元老院的关系并不亲近，被指责独断专行，削减元老俸禄并迫害了几名元老。哈德良死后，元老院终于公开表达了对他的敌意。作为报复，元老院试图将哈德良判以“记录抹杀刑”，并阻止他进入神的行列。已知文献表明，元老院最后之所以没有实施这些报复措施，完全是因为安敦尼的坚决态度，而神化哈德良是安敦尼在52岁登基后做的几个重要决定之一。事实上，神化哈德良也是保证安敦尼自己的合法地位，因为他是作为哈德良的养子才继承了皇位。安敦尼名字里“庇护”的由来，很可能是因为他在捍卫前任皇帝的利益（也是他自身的利益）中所表现出来的虔诚：不仅完成了哈德良陵墓的建造，而且为了纪念哈德良的神化还在战神广场建造了一座神庙，神庙的宏伟遗址至今可见。当然，通过神化皇室家

族成员来强化帝国和罗马社会元首的权力是司空见惯的手段。安敦尼统治期间又一次使用到了这种手段，他将公元 141 年去世的妻子福斯蒂娜神化，并为此建造了一座圣所，而他自己不久之后也长眠于此。这座圣所是罗马广场最重要的建筑之一。

尽管一开始与元老院的关系比较紧张，但是安敦尼·庇护与元老院相处得非常好，毕竟他和家族中的好几位成员都曾是元老院成员。安敦尼出生于尼玛苏斯（今尼姆）的一个元老家族，担任过好几次执政官。安敦尼的政治生涯非常耀眼：公元 120 年担任执政官，并于公元 135 年左右出任亚细亚行省总督，而这一职务令人艳羡；在此期间，还被任命为哈德良设立的意大利四区之一的长

安敦尼和福斯蒂娜神庙

位于神圣之路，是罗马广场保存最完好的建筑。公元141年，皇帝安敦尼·庇护在妻子福斯蒂娜去世后下令修建了这座神庙。公元161年，安敦尼·庇护去世，元老院将其神化并安葬于神庙，并将神庙改名为安敦尼和福斯蒂娜神庙。中世纪，在神庙遗迹上建起了米兰达圣劳伦佐教堂。

下图 金币背面的安敦尼肖像。

官。然而，哈德良对意大利的划分令元老院非常不满，因此安敦尼继位后立刻取消了这些职务，而这可以看作是他亲近元老院的举动。

安敦尼与哈德良不同，他从来没有离开过意大利，始终在意大利统治国家。元老院的权力也在安敦尼执政期间达到了顶峰，但是这并没有妨害皇帝作为国家元首的专制地位。安敦尼继续实施中央集权统治，执政的主要机构是元首顾问委员会。在拜占庭皇帝查士丁尼一世公元529年下令编纂的《民法大全》（这是一部收集罗马帝国法律解释的汇编式法典）中，“我是全世界之主人”这句名言就是安敦尼·庇护所说。

斯贝特拉安敦尼·庇护拱门

这座宏大的拱门通往广场，是皇帝安敦尼·庇护于公元 138 年—公元 161 年在突尼斯斯贝特拉城高地修建。拱门上的题词提到了皇帝安敦尼·庇护和他的两个养子马可·奥勒留和路奇乌斯·维鲁斯。安敦尼死后，两位养子一同登基。

安敦尼没有像哈德良那样巡游帝国，但是除此之外他延续了哈德良的政策，尤其是行政和改善法律方面的政策。安敦尼对弱者采取了宽容的法律，引入了“无罪推定”等概念，规定在判决不确定的情况下采用最宽大的处理，并且限制酷刑的使用，哪怕罪犯是奴隶身份。然而，虽然进行了人道主义的改革，官方仍然区别高种姓和低种姓两类公民：他们在法律面前并不平等，尤其是在实施刑罚的时候，同样的罪行对高种姓的判决比低种姓宽大得多。尽管没有明确定义，但是高种姓公民包括元老院成员、骑士、十人队长、富裕商人以及退伍老兵。这些法律阶层的建立将罗马帝国的社会现实确定下来，而在这种社会现实中自由公民的地位不断下降。

安敦尼·庇护神化

与罗马公民和其他臣民不同，皇帝拥有政治和宗教权力，无论是依托官方宗教还是集体想象，都可以被尊为神祇。

罗马帝国社会等级高度分化，统治者与其臣民的地位不同，因此获得的宗教崇拜也不相同。在罗马，从奥古斯都时期开始，在殖民地和军队中，一般皇帝死后才会被神化。虽然卡利古拉和尼禄例外，但公元 2 世纪的帝王仍然遵循了这一传统。皇帝死后，帝国最高宗教机构元老院根据他的功绩决定是否尊其为神，一旦被神化，则会为新神举行典礼，建造神庙，安排祭司，指定节日。然而，没有罗马公民身份的臣民通常不关注这种习俗，对于他们来说皇帝就是活生生的神。安敦尼柱柱基处的浮雕，展示了安敦尼·庇护和福斯蒂娜神化。

①**皇帝夫妇** 安敦尼·庇护和福斯蒂娜升天为神。

②**雄鹰** 夫妇二人的两侧各有皇家神鹰，象征圣化。

③**引导者** 时间与永恒之神引领两位新神到天堂。

④**战神广场** 葬礼柱处，一个男人半躺在那里。

⑤**罗马** 罗马女神从宝座上注视着皇帝夫妇升天。

⑥**列队** 主场景两侧是两列近卫队。

但是，在安敦尼统治期间，前任皇帝实行的慈善事业得以继续。罗马军队和人民得到了 9 笔现金捐款，行省城市也获得了经济援助，如以弗所遭受地震之后罗马帝国提供了救助。安敦尼保留了贫儿救助机构，还发起了一个帮助小女孩的新项目，将其命名为“普爱拉 · 福斯蒂尼亚娜”以纪念他的妻子福斯蒂娜。与哈德良一样，安敦尼关心行省，而他向帝国各个城市寄送的信件即证明了这一点。

安敦尼被认为是一个谦卑、和蔼、勤奋、平和的好皇帝，而马可 · 奥勒留在《沉思录》（*Pensées*）中更是对他充满溢美之词。安敦尼与元老院的友好关系，以及帝国在他长久统治下（公元 138 年—公元 161 年）的普遍繁荣，很可能源于他的好名声。但是，除了帝国元首的性格之外，这几十年的成功可能也离不开安敦尼王朝帝王统治下帝国政府机构的平衡。

安敦尼 · 庇护统治时期是这个王朝最平静的时期。公元 147 年，安敦尼庆祝罗马建立 900 周年，他对这座永恒之城在世界上履行的使命非常满意。

安敦尼 · 庇护治下的罗马和平

安敦尼 · 庇护统治时期，武装斗争仅仅在边境地区发生。安敦尼延续了哈德良时期的艰苦努力，防止战争蔓延至帝国，并且通过坚定明智的外交策略解决冲突。例如，安敦尼通过任命亲罗马的国王解决了多瑙河地区的夸德人问题（公元 140 年—公元 141 年），并采取同样的策略解决了亚美尼亚、波斯尼亚王国、科尔基斯和高加索伊比利亚王国的问题。帕提亚国王沃洛吉斯二世（Vologèse Ⅱ）和沃洛吉斯三世（Vologèse Ⅲ）为与罗马开战做准备，而安敦尼则避免与帕提亚人在东部边界发生冲突，因为哈德良时期加强了罗马在该地区的军事力量，并足以对邻国形成威慑。

尽管如此，公元 145 年—公元 152 年间，毛里塔尼亚行省（今塞维利亚和廷吉塔纳）边界仍然发生了战争，战斗规模很大，甚至调动了叙利亚、西班牙和多瑙河地区的罗马驻军分遣队前去参战。为了防止巴卡特人入侵，扩大帝国和平，安敦尼赋予其首领罗马帝国公民身份，还在帝国此处的边界建立了防御工事。此外，公元 141 年—公元 145 年间，罗马军团不得不开赴达契亚和高地日耳曼长城，因为该省东移，并建立起了城墙、防御塔和堡垒。

安敦尼在不列颠也采取了类似的措施。安敦尼统治初期，军团长洛利乌斯·乌尔比库斯（Lollius Urbicus）打败了布里甘特人。公元140年—公元142年间，洛利乌斯·乌尔比库斯奉命在福斯河口和克莱德河口之间修建了100公里长的安敦尼长城。安敦尼长城位于哈德良长城以北，虽然隔离墙采用了哈德良长城的设计，却远远没有后者那样雄伟。安敦尼长城只是一道简单的石坡，上面覆盖约4米高的土，城墙前面建有一条大壕沟，城墙上每3公里设置碉堡。然而，该地区难以维持和平，罗马所做的这些努力都不能阻止战争继续发生。尽管公元154年—公元155年间罗马铸造了纪念征服不列颠岛的硬币，可是大约在同一时期军团士兵在哈德良长城和安敦尼长城之间的特里蒙齐乌姆（今纽斯特德）被打败了。不久，安敦尼长城被弃置，堡垒也被烧毁，但没有人知道是被敌人烧毁的还是罗马士兵在撤退时自行毁掉的。

文献还表明，犹太、希腊、埃及和西班牙各行省都有动乱。但是，这些动乱很快就被镇压了，并没有威胁到罗马帝国内部的安宁。

哲学家皇帝马可·奥勒留

公元161年3月7日，安敦尼·庇护去世并很快被神化，而他悉心培养的继承人马可·奥

安敦尼·庇护

安敦尼·庇护是自奥古斯都以来统治罗马时间最长的皇帝，其掌权二十三年，比提比略在位时间还多两个月。安敦尼·庇护高烧后去世，死后葬于哈德良陵墓。此大理石雕像属于卢多维西收藏系列，现藏于罗马国家博物馆阿尔腾普斯宫。

马可·奥勒留圆柱（第156页）

公元180年，在罗马战神广场建造的马可·奥勒留圆柱是献给安敦尼·庇护的，其承托起了皇帝安敦尼·庇护的雕像。圆柱柱身高30米，外部的螺旋浮雕纪念马可·奥勒留与日耳曼人和萨尔马提亚人的战争中取得胜利。

勒留迅速登上皇位。出人意料的是，马可·奥勒留坚持要求元老院同样宣布安敦尼·庇护的另一位养子路奇乌斯·维鲁斯为皇帝。最终，二人获得了相同的头衔，尤其是“奥古斯都”头衔。尽管马可·奥勒留保留了大祭司身份，并始终行使大祭司权力，但他仍然开启了罗马帝国两帝并立的先河。

马可·奥勒留是斯多葛派信徒，其哲学思想深深影响了他对罗马帝国的统治。马可·奥勒留的著作《沉思录》使后人得以了解这位伟大人物的内心，通过《沉思录》我们可以看出：马可·奥勒留笃信斯多葛派思想，远离谄媚奉承，构想建立一个“法律公平、公民平等、臣民自由”的国家。马可·奥勒留的斯多葛主义思想要求他除了个人喜好外还必须履行帝王的义务，而他统治帝国的方式似乎是由强烈的责任感所驱使的。斯多葛主义也是马可·奥勒留（无论是作为个人还是皇帝）理想和道德准则的来源，正如《沉思录》里最有名的一段中所写：“保持你自己的简单、善良、纯正、端庄、自然、公正、虔诚、仁慈、温柔，并坚决地履行你的职责。”

马可·奥勒留的行为无疑受到斯多葛派严苛的教义的影响，他兢兢业业地治理帝国，关心各个城市，并且与元老院保持了无可指摘的融洽关系。马可·奥勒留将其哲学理想融入到帝国治理之中，这或许可以解释为什么他更多的是沿袭前人而非革新变旧。在马可·奥勒留执政期间，中央集权深化，帝国官僚体系的重要性大大增加，国家权力得到巩固，并介入一些传统上国家并不处理的事务，如重建哈德良时期设立的意大利行政区划。

哈德良和安敦尼·庇护都重视慈善事业，马可·奥勒留也不例外。马可·奥勒留对人民慷慨大方，曾 7 次向人民捐赠大笔款项，并创建了两个新的抚养救助机构项目：一个是为了庆祝路奇乌斯·维鲁斯和他的女儿结婚，另一个是为了纪念他已故的妻子。在马可·奥勒留统治期间，鼠疫在罗马帝国肆虐并带来了巨大的灾难，因此建立了一项孤儿救助制度。马可·奥勒留仿效图拉真和哈德良，全部取消了 46 年间人民未缴纳的税收，并将欠税登记册在广场付之一炬。马可·奥勒留奉行前几任皇帝的政策，通过立法促进为阿诺纳（罗马粮食供应机构）提供运输小麦和油的船商以及承运人的活动。为此，马可·奥勒留决定鼓励资本所有者投资运输业，同

哲学家皇帝马可·奥勒留的政治著作与演说

皇帝马可·奥勒留是一位斯多葛主义者，极力遵循斯多葛学派的原则生活。他将自己的思考记录下来，使用希腊语写成《沉思录》一书。《沉思录》勾勒了一个质朴的君主形象，不但清楚皇帝的责任，而且能够坚定地履行职责。

《沉思录》是马可·奥勒留暮年时期所作，当时他正在外征战。该书唯一的副本藏于梵蒂冈图书馆。1558年，威廉·赛兰德在苏黎世发行了初版，但以哪种手稿为底本则不得而知。《沉思录》主题广泛，包括皇帝遵循的基本哲学教义，教义的传播者，以及皇帝本人对生命、死亡、宗教、权力和其他哲学问题的思考。由于对《罗马帝王纪》取信程度不同，研究者历来对马可·奥勒留这位历史人物有着不同的评价。然而，绝大多数学者一致赞扬《沉思录》及其作者的价值。虽然无法知晓这部作品在古代是如何传播的，但可以肯定的是该作品当时已经受到高度重视。一些研究者认为，马可·奥勒留是在远离罗马的艰难困苦境况下记录自己的思想的，从而回忆起他在幸福生活时期所受的教益。

插图 马可·奥勒留雕像，现藏于伦敦大英博物馆。

时限制地方实施的贡赋和税收豁免政策。马可·奥勒留还援助在地震中被毁坏的伊兹密尔等城市，也仿效前任皇帝在遭受经济困难的城市任命行政长官。

这项政策加快了帝国集权化和官僚化的进程，马可·奥勒留更加努力地将市政慈善体系转变为朝贡机制，而这一点在他颁布的意大利《角斗士法》（*lex Gladiatoria*）中有所体现。马可·奥勒留还制定了大量法律，旨在保护寡妇、孤儿和奴隶等弱势人群。

泰西封

泰西封是美索不达米亚地区最大的城市之一，因其位于底格里斯河岸的战略要地，所以一直以来都是罗马帝国争夺的目标。继图拉真和哈德良征服泰西封之后，这座城市在马可·奥勒留统治时期又一次成为帕提亚战争的军事目标。尽管亚维狄乌斯·卡西乌斯（Avidius Cassius）曾占领了泰西封，但在缔结停战协议后又将它归还给了帕提亚人，今仅存萨珊宫殿遗址（公元6世纪）。

马可·奥勒留统治大事记

公元161年

登基 安敦尼·庇护死后，马可·奥勒留与第二奥古斯都路奇乌斯·维鲁斯共同执政。

公元162年—公元166年

帕提亚战争 帕提亚人入侵罗马，战争爆发。路奇乌斯·维鲁斯率军指挥作战，罗马人获胜。

公元166年

鼠疫肆虐 路奇乌斯·维鲁斯率军凯旋，但士兵从东方带回了鼠疫，罗马民众死亡不计其数。

公元167年—公元175年

马科曼尼战争 北方"蛮族"部落入侵帝国，罗马进入战争。在马可·奥勒留统治的大部分时期，这场战争一直在持续。

公元175年

亚维狄乌斯·卡西乌斯叛乱 罗马东方最伟大的将军自立为王，但很快被镇压。

公元177年—公元180年

康茂德参与执政 马可·奥勒留赐予儿子康茂德"奥古斯都"头衔，宣布与康茂德共同统治罗马帝国，以便为其登基铺路。

帕提亚战争

马可·奥勒留和路奇乌斯·维鲁斯共同执政初期，大规模的战争就爆发了。第一场重要的军事冲突发生在东方边境。帕提亚王国——罗马帝国在该地区的宿敌——在国王沃洛吉斯三世（公元148年—公元193年在位）的稳定统治下，国力重振，大举扩张。早在安敦尼·庇护时期，沃洛吉斯三世就企图入侵亚美尼亚和叙利亚，此次利用罗马帝国权力交替的过渡时期终于发动了战争。

公元161年，帕提亚开始了军事行动，两队人马齐头并进，很快击溃了罗马军团。沃洛吉斯三世趁机任命一位帕提亚王子统治亚美尼亚，而罗马帝国也迅速做出反应。公元162年，罗马集结了一支强大的军队，马可·奥勒留任最高统帅，并任命路奇乌斯·维鲁斯为军团副长官率领军队参加战斗。有趣的是，路奇乌斯·维鲁斯在《罗马帝王纪》中是一个放荡的、品行不端的坏皇帝，嫉妒心强且目无法纪。根据书中的指控，维鲁斯故意拖延行程，直到公元163年才到达前线；战争期间，他留在安条克沉迷于荒淫无度的生活。不过，马尔库斯·高奈里乌斯·弗朗托（Marcus Cornelius Fronto，弗朗托[Fronton]）的说法与此正相反，他是两位皇帝的老师，与安敦尼·庇护、马可·奥勒留和路奇乌斯·维鲁斯都有书信往来。这些书信将年轻的维鲁斯从

《罗马帝王纪》对他的不公正评价中开脱出来，甚至把他描写成一位好皇帝和英勇的将领。

公元 163 年，罗马开始反攻。公元 164 年，斯塔提乌斯·普利斯库斯（Statius Priscus）收复亚美尼亚。次年，亚维狄乌斯·卡西乌斯（Avidius Cassius）进入美索不达米亚并一直攻打到米底王国，而罗马军队则趁机占领了泰西封——这是战争期间最惨烈的时段。泰西封约有 40 万人口，是罗马帝国以外最大的希腊人聚集地。希腊人没有抵抗，罗马军团士兵得以顺利进入泰西封，但是他们却毫不犹豫地将这座城市夷为平地，而东方希腊文化所在地因此毁于一旦。

紧接着，在公元 166 年，亚维狄乌斯·卡西乌斯将美索不达米亚变成了罗马的受保护国，帕提亚战争以巨大的胜利告终。马可·奥勒留和路奇乌斯·维鲁斯两位皇帝终于可以在罗马庆祝凯旋，而上一次凯旋仪式还是在公元 118 年为已经去世的图拉真举办的。路奇乌斯·维鲁斯获得了“祖国之父”的头衔，他拥有的权力也越来越接近马可·奥勒留。同时，两位皇帝的名号中都增加了“亚美尼亚库斯”、“米底库斯”和“帕提亚库斯·马克西姆斯”头衔。可惜的是，他们并未如愿享受这一胜利，因为此时多瑙河边境爆发了第一场大战役。

马科曼尼战争

在路奇乌斯·维鲁斯与帕提亚人作战时，不列颠和莱茵河地区又爆发了新的起义。尽管形势还不算迫在眉睫，但是帕提亚战争引发的两个后果却改变了整个局面，并且给罗马帝国造成了灾难性的影响。

第一个后果是罗马军团将鼠疫从东方带回罗马。这场灾难的具体规模如何尚未可知，但给罗马城和整个意大利造成了严重的损失，并在公元 167 年死人无数。《罗马帝王纪》写道：“人们不得不用各种运输工具转移尸体。……这场瘟疫导致数以千计的人丧生，其中不乏头等公民。”——这一段描述使人联想到中世纪时席卷欧洲的黑死病。鼠疫在罗马流行了很长时间，虽然致死率逐渐减弱，但是十年之后仍然没有被消灭。

波尔纳奇奥石棺：战争的见证

公元 2 世纪，土葬逐渐取代了火葬。因此，贵族建造精美的石棺以永葆他们生前尊贵的社会地位。虽然历史学者一直试图从石棺的装饰浮雕中找出石棺主人的身份，但这些浮雕基本都遵循固定的模式，雕刻的场景更多地反映了当时的社会而非个人信息。这座石棺在罗马附近的波尔纳奇奥城出土，石棺主人很可能是马可·奥勒留手下的一位将军。现藏于罗马国家博物馆戴克里先浴场。

第二个后果是削弱了多瑙河边境的防御力量。帕提亚战争期间，至少三个驻扎在多瑙河边境的军团被调往东方。在调动部队之前，罗马人不是没有考虑到可能面临的“蛮族”入侵。因此，为了加强边境线的防御，在部队奔赴东方战场的同时，罗马新招募并训练了两个军团的士兵，而且还与边境的部落建立了外交联系。然而，罗马的军事部署还未完成，部落已经发起了攻击。

多瑙河边境的局势十分复杂，史学家对大部分骚扰该地区的民族也不了解。面对这些千变万化的敌人，罗马人自己也没有掌握具体的信息。这场战争贯

①**中间场景**　描绘了在马科曼尼战争中将军（指路奇乌斯·维鲁斯）指挥罗马骑兵对阵“蛮族”部队。

②**下方场景**　在骑兵的下方，另外的步兵和骑兵部队将敌人击溃。

③**战败者**　下部的浮雕描绘了被打败的敌人，罗马士兵将他们踩在脚下。

④**战争结束**　战争场面的两侧是战利品和被捆缚拳头的“蛮族”人，宣告战争结束，罗马大胜。

⑤**上方场景**　讲述了人的一生中最关键的时刻：左上角是出生第九天接受洗礼，中间是婚礼。

⑥**宽恕**　得胜的将军接受了“蛮族”的归顺后通常对他们宽大处理，石棺右上角则描绘了这一场景。

穿了马可·奥勒留统治的大部分时间，却并没有一个精确的名称，被统称为日耳曼战争、马科曼尼战争（因为其中的民族之一为马科曼尼人）或者多国战争。根据文献记载，战争的主要参与者有马科曼尼人和夸德人，他们是日耳曼民族，居住在雷蒂亚行省和诺里库姆行省边境；还有萨尔马提亚各部落（如耶茨格人、巴斯塔内人和罗克索拉尼人），居住在潘诺尼亚行省边境以及达契亚周围。这些国家得到了很多其他部落的支持，但是至今我们对这些民族一无所知，或者仅仅知道他们的名字。

盖伦与帝国社会的医学

公元 2 世纪，医学在罗马享有盛誉。医生大多出身希腊，属于那个时代封闭的学者圈子。医学知识引发了无数争论和抨击，同时也得到了巨大的发展。医学的盛行被当时的文学作品所证明。克劳狄·盖伦（Claude Galien）是最有名望的希腊医生，于公元 129 年生于帕加马。自古代起，盖伦就很有名，马可·奥勒留甚至要求他担任自己的私人医生。盖伦在罗马度过了一生的大部分时光，并记录了帕提亚战争后席卷帝国的大瘟疫的症状。

右图　赫库兰尼姆特勒福斯之家浮雕，描绘了密西亚国王特勒福斯（Télèphe）被阿喀琉斯（Achille）刺伤后，阿喀琉斯又用投枪尖上的铁锈医治他。

克劳狄·盖伦　盖伦的著作对西方医学具有决定性影响，这位孜孜不倦的学者为我们留下了许多医学、外科医学和哲学著作。盖伦肖像，公元 16 世纪一位佚名画家所作，现藏于巴黎医学院图书馆。

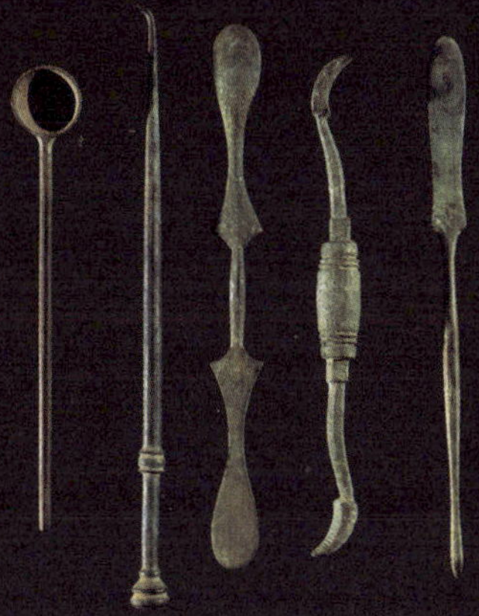

手术工具 由于当时尚无麻醉技术，罗马人掌握的手术知识非常有限。然而，考古遗迹表明，他们懂得操作外科手术。手术在专门的房间进行，配有消毒过的设备和精良的手术工具。

药物 虽然没有现代药典，但是罗马人能够治疗很多疾病。至今，许多古老的药方仍有其功效。例如，盖伦用鸦片制成的长效镇痛药为马可·奥勒留治疗溃疡。此外，医疗救助不仅面向富人，还惠及平民阶层尤其是罗马士兵。

公元 167 年，冲突发生了。马科曼尼国王巴洛玛（Ballomar）与罗马的主要敌人达成了协议，他们同时发动了进攻：夸德人攻占潘诺尼亚，萨尔马提亚人前往达契亚金矿，而马科曼尼人则越过诺里库姆的罗马要塞，企图直达阿奎莱亚港，进入意大利本土。因为鼠疫肆虐，马可·奥勒留和路奇乌斯·维鲁斯无法迅速离开罗马迎战敌人。

公元 168 年春，马可·奥勒留和路奇乌斯·维鲁斯终于踏上了阿奎莱亚港并向北推进，双方难分胜负，但是“蛮族”人仍然接受了停战协议。随后，马可·奥勒留和路奇乌斯·维鲁斯回到阿奎莱亚准备过冬，可是因为鼠疫的缘故他们不得不在公元 169 年 1 月返回罗马城。途中，路奇乌斯·维鲁斯因中风去世，尽管有人声称他是被马可·奥勒留毒死的，因为后者想要摆脱这位忤逆又无能的义弟。无论真相是什么，马可·奥勒留主持了维鲁斯的葬礼，并将其神化。随后，马可·奥勒留留在罗马，直到公元 169 年秋天重返多瑙河前线。

在此期间，驻扎在意大利北部的军团士兵也遭受了鼠疫之灾。该地的军团构成了多瑙河城墙以南的第二条防线，保卫着意大利半岛和阿尔卑斯行省。借此机会，马科曼尼人和夸德人再次发起进攻。公元 170 年春天，罗马在多瑙河以北的敌国领土上被打败，“蛮族”人长驱直入并在意大利北部大肆抢掠，最终围攻阿奎莱亚。这些强大的“蛮族”打通了通向罗马的道路，其他部落趁机纷纷进犯并洗劫了巴尔干半岛，而考斯托博克人甚至到达了厄琉息斯。因此，罗马帝国面临着极其严重的威胁。

由于马可·奥勒留本人和各行省长官率领军队艰苦抵抗，加上临时招募的民兵援助，终于抵挡住了敌人的进攻。直到公元 171 年，战争才正式结束，虽然漫长，但成功将“蛮族”人驱逐出境了。马可·奥勒留同意在佩特罗内尔（今奥地利境内）与夸德人和其他部落签订停战协议，这项协议为罗马军队争取了时间，随后他们又发起了新的进攻。公元 172 年—公元 174 年，罗马军团数次越过多瑙河攻打马科曼尼人和夸德人，尽管这些“蛮族”改进了战斗技巧，但仍然被罗马军队打败了。瘟疫和“蛮族”入侵激起了罗马人的恐慌，他们联想到了共和国时期辛布里人和条顿人给罗马带来的灾难。在恐慌之中，这场战争便被赋予了神话的光环。例如，公元

马可·奥勒留的妻子小福斯蒂娜的影响力

小福斯蒂娜大约生于公元 125 年，是安敦尼·庇护和福斯蒂娜最小的女儿。公元 145 年，小福斯蒂娜嫁给了未来的皇帝马可·奥勒留。在古代文献里，多次提到小福斯蒂娜行为放荡，善弄权术。公元 175 年，小福斯蒂娜去世，马可·奥勒留将她神化。

小福斯蒂娜的影响力，与公元 2 世纪皇室家族的女人的重要性和影响力密切相关。一些研究者认为她们仅仅扮演了“花瓶”的角色，然而恰恰相反，萨罗尼娜·马提迪亚、维比亚·萨比娜（萨比娜）、普罗蒂娜和福斯蒂娜等皇室妇女在帝国的权力继承中起着核心作用，而小福斯蒂娜也是如此。哈德良原本将小福斯蒂娜许配给了路奇乌斯·维鲁斯，以利用她巩固自己的皇权继承计划。当然，后来安敦尼·庇护将小福斯蒂娜嫁给了马可·奥勒留，夫妇二人共同养育了 13 个孩子，其中便有未来继承皇位的康茂德。历史学家狄奥·卡西乌斯和《罗马帝王纪》将小福斯蒂娜刻画成一个卑鄙的皇后：她毫不犹豫地处死反对她的人，多次与人通奸，尤其是与角斗士通奸，据称其中一位还是康茂德的亲生父亲；她无恶不作，甚至还犯有叛国罪，煽动亚维狄乌斯·卡西乌斯叛乱。不过，今天大多数历史学家对这些文献持质疑态度。

插图 皇后小福斯蒂娜的半身大理石肖像，现藏于巴黎卢浮宫。

172 年，罗马人的胜利被归功于神的介入。公元 174 年，夸德人和马科曼尼人最终与罗马签订了条约，这些条约对帝国非常有利。根据条约的特别规定，“蛮族”归还战利品，在领土上建立罗马军营，并且禁止靠近罗马边境城墙。

马可·奥勒留还集中力量攻打了萨尔马提亚人。萨尔马提亚人被打败，并被迫签订了极其苛刻的条约。据文献记载，“蛮族”交出了 1 万名罗马俘虏，而由此可见他们对罗马的侵犯已经到了何等地步。

亚维狄乌斯·卡西乌斯叛乱

当罗马人在多瑙河边境与“蛮族”交战的时候，帝国的东方也远远没有安定下来：亚美尼亚一直受到威胁，罗马帝国任命的国王遭到与帕提亚人结盟的反对派的攻击；来自尼罗河三角洲的牧民大举入侵，甚至威胁到首都亚历山大城，这是罗马帝国需要解决的燃眉之急。亚维狄乌斯·卡西乌斯曾率军在米索不达米亚打败了帕提亚人，因此被任命前往镇压暴动。

然而，公元 175 年 4 月，卡西乌斯自立为帝。关于这个阴谋，古代就有很多不同的解释，当今历史学家仍然对此感兴趣。历史学家狄奥·卡西乌斯和《罗马帝王纪》给出了一致的说法：据说，马可·奥勒留的妻子小福斯蒂娜担心丈夫身体不佳随时可能死去，为了能够给她的儿子康茂德找到保护人，便说服卡西乌斯夺权后娶她为妻。卡西乌斯正在考虑这个提议的时候，他收到了马可·奥勒留去世的消息，因此立即采取了行动。不久，卡西乌

马赛克镶嵌画上的钓鱼场景

该图案出土于利比亚的黎波里（罗马时期的黎波里塔尼亚），见证了安敦尼王朝时期北非各行省的发展和辉煌：出身努米底亚君士坦丁（旧称锡尔塔）的非洲人弗朗托（Fronton）甚至成了马可·奥勒留和路奇乌斯·维鲁斯的家庭教师；非洲各行省成为罗马的定期供应商，几乎垄断了小麦和油的贸易。

马可·奥勒留浮雕及其象征意义

罗马皇帝拥有古代其他统治者难以企及的广阔领土和巨大权威。从奥古斯都时期起，在经历了漫长的中央集权过程后，罗马在公元2世纪终于确立了绝对君主制，皇帝不仅拥有共和国时期的权力，还履行了新的职能。

马可·奥勒留代表了君主的权力，并在艺术形象中得到完美体现，如马可·奥勒留浮雕群。这些浮雕可能雕刻在一座凯旋门上，如今这座凯旋门已经消失，但部分浮雕被保存在罗马保守宫博物馆，而另有一些被君士坦丁大帝在罗马为自己建造凯旋门时重新利用。马可·奥勒留被描绘成军队总统帅、大祭司和第一公民（或第一元老），他是温和、坦率和公正的统治者，并在打败敌人后对失败者表现出怜悯的态度。

①**宽容的皇帝** 马可·奥勒留骑在马上，身着盔甲，对跪在他面前祈求的“蛮族”人表现出怜悯的态度。

斯又得到新的消息，证实皇帝马可·奥勒留还活着，但他仍然没有动摇称帝的计划。不过，一些历史学家质疑这个故事的真实性，尤其不相信皇后小福斯蒂娜参与了阴谋。

马齐乌斯·维鲁斯是卡帕多西亚的总督，这位忠诚的臣子把卡西乌斯背叛的消息告诉了正在多瑙河前线督战的马可·奥勒留。随后，元老院宣布篡权者为公敌。据狄奥·卡西乌斯所说，马可·奥勒留得知卡西乌斯背叛他的消息后，感到非常惊讶。马可·奥勒留把卡西乌

②**祭司皇帝** 皇帝马可·奥勒留戴着头巾，作为大祭司在卡比托利欧山的朱庇特神庙前的祭坛主持浇祭礼。在这一场景中，还描绘了一只即将被宰杀成为祭品的牲畜；皇帝的助手拿着一只笛子和一盏香炉，其中一位负责击打牲畜的头部。

③**凯旋的皇帝** 马可·奥勒留凯旋后乘坐四马战车巡游罗马，带翅膀的胜利女神为皇帝戴上花冠。插图右侧是罗马城入口处的拱门，庆典将在此举行。

斯视为朋友，因此下令不要伤害他，以便自己能够宽恕他。此时，虽然马可·奥勒留即将打败萨尔马提亚人，但他还是决定离开多瑙河地区。马可·奥勒留本来计划在“蛮族”人占领的多瑙河沿岸建立新的行省，这样一来该地区的整体规划方案也搁浅了。当时，皇后小福斯蒂娜正与马可·奥勒留一同在多瑙河边境地区，她将陪同皇帝一起前往东方。于是，皇帝马可·奥勒留和皇后小福斯蒂娜将儿子康茂德从罗马召来身边，而且康茂德获得了“青年领袖”的头衔，这显然是为了保住王朝的延续。

亚维狄乌斯・卡西乌斯的叛乱使马可・奥勒留忧心忡忡，他甚至都不再关注多瑙河边境的有利局势，但是叛乱最后还是以失败告终了。公元 175 年 7 月，亚维狄乌斯・卡西乌斯的手下士兵可能发现了真正的皇帝马可・奥勒留还活着，或者意识到了他们要做的事情太冒险，总之他们决定暗杀将军卡西乌斯。所以，马可・奥勒留还没有出发就得到了卡西乌斯死去的消息（篡位者的头颅被送到皇帝手中），但是皇帝仍然赶往了帝国的东部地区。马可・奥勒留平定了叛乱，并在公元 175 年下半年和次年的一部分时间里巡视东方，保证了该地区的安宁和军队的忠诚。马可•奥勒留对叛乱者表现出了宽大、仁慈的态度，他们并没有被处以极刑，亚维狄乌斯•卡西乌斯的家人也没有受到牵连，而他的支持者大部分只是被处以罚款。

在巡视东方的旅程中，小福斯蒂娜在卡帕多西亚去世。不过，历史学家狄奥・卡西乌斯推断皇后小福斯蒂娜是自杀，以免遭到马可・奥勒留的报复。与几年前路奇乌斯・维鲁斯一样，马可・奥勒留在东巡途中参加了著名的厄琉息斯秘仪，从而表明了自哈德良以来希腊对于罗马帝国的重要性。当马可・奥勒留刚一回到罗马，他就将妻子小福斯蒂娜神化了。公元 176 年 12 月，马可・奥勒留和儿子康茂德一起庆祝战胜日耳曼人。公元 177 年六七月间，马可・奥勒留赐予儿子康茂德“奥古斯都”头衔。于是，康茂德就像当年的路奇乌斯・维鲁斯那样成了帝国的共治者。

边境危机

马可・奥勒留充满了哲学理想，但是在他统治期间却频频发生战争。在帕提亚战争和多瑙河流域抗击“蛮族”人的战争结束以后，罗马帝国边境又接连发生了无数的冲突。马可・奥勒留在位期间，王朝风云动荡。罗马帝国在公元 5 世纪遭遇了巨大的危机，而这个时期的战争事件（尤其是与日耳曼人在边境的战争）有时则被视作危机的序幕。尽管这种观点有些夸张，但是罗马帝国的权力格局确实已经进入了一个新的阶段。首先，战争和冲突不再局限于一个地区，而是触及了所有的边境；海盗和强盗之乱甚至干扰到帝国内部。其次，罗马的敌人在与军团的长期交战中不断发展：多瑙河边境的日耳曼各部落不断向罗马人学习，而这些部落经历了真正的罗马化进程之后，从有勇无谋的“野蛮人”成了知己知彼的优秀战士。

除了埃及牧民的起义，不列颠也屡屡发生暴动。公元 175 年，马可·奥勒留不得不往该地区派遣了一支军队。除此之外，海盗活动在地中海地区死灰复燃，强盗在高卢行省横行，而马可·奥勒留要面对的最严重的危机是北非摩尔人入侵西班牙。公元 172 年—公元 173 年，摩尔人首次入侵罗马帝国，他们横渡海峡袭击了没有任何军团驻守的贝提卡。于是，相邻的塔拉科总督不得不接管了贝提卡行省，随后到来的巴尔干半岛援军将入侵者赶走了。但是，摩尔人部落在公元 175 年又一次进攻了伊比利亚半岛，沿途洗劫一空，威胁到了像意大利卡这样的重要城市。卢西塔尼亚行省总督奉命阻击侵略者，他把摩尔人一直赶到了廷吉塔纳毛里塔尼亚。

正如安敦尼·庇护一样，马可·奥勒留在与康茂德共治期间也采取了武力和外交相结合的政策。据巴纳斯塔纳纪念匾的铭文（因在摩洛哥巴纳萨市出土而得名）记载，泽格朗瑟斯部落首领朱利亚努斯（Julianus）的妻子和孩子都获得了罗马公民身份，表明了皇帝马可·奥勒留企图与一些好战民族交好。

康茂德

皇帝康茂德的大理石半身像，现藏于罗马卡比托利欧博物馆。

插图（右侧） 庞贝古城出土的公元2世纪的罗马角斗士头盔，现藏于那不勒斯国家考古博物馆。

时代的结束

公元 2 世纪被历史学家视为罗马帝国的黄金时代，但随着康茂德执政的终结，这个时代也宣告结束。年轻的康茂德曾与父亲马可·奥勒留共同执政，并在他单独执政时期停止了帝国的军事扩张活动。但是，康茂德在帝国内部实施恐怖政策，使整个罗马听命于他。康茂德死后，罗马帝国陷入了漫长而混乱的内战中。

继提图斯之后，康茂德是第一个世袭了亲生父亲皇位的皇帝。公元 177 年，马可·奥勒留任命儿子康茂德为帝国的共治者，授予他“奥古斯都”头衔（马可·奥勒留也曾授予义弟路奇乌斯·维鲁斯同样的头衔），使其拥有一切皇帝的权力。康茂德从 15 岁起便开始担任执政官，此后不久便随父亲马可·奥勒留一起前往多瑙河前线，而这也是马可·奥勒留最后一次出巡。

罗马强加给夸德人和马科曼尼人的严苛条约引发了新的战争，虽然冲突的相关细节尚不明确，但是有文献称驻扎在“蛮族”人领土内的罗马驻军监视着部落

康茂德统治年表

公元180年

独自执政 康茂德首先与父亲马可·奥勒留共同执政，几年后独立统治帝国。

公元182年

鲁琪拉的阴谋 康茂德的姐姐、路奇乌斯·维鲁斯的遗孀鲁琪拉联合几名重要人物谋杀皇帝康茂德。

公元185年

佩伦尼斯之死 皇帝康茂德在政务上宠信萨特勒斯，后又倚重近卫军长官佩伦尼斯。在一次军团起义后，佩伦尼斯被处死。

公元188年

逃兵起义 多瑙河边境战争结束后，军团士兵遭遣散。佩斯切尼乌斯·奈哲尔镇压了退伍军团兵的起义。

公元190年

反对克里安德起义 罗马粮食短缺，民众起义，导致康茂德的宠臣克里安德下台。

公元192年

暗杀康茂德 皇帝康茂德引起普遍的仇恨，不断遭到谋害，最终被摔跤手纳尔奇苏斯杀死。

意大利卡出土的角斗士青铜版

在西班牙南部城市意大利卡罗马圆形剧场发现的角斗士青铜版，是了解罗马帝国时期角斗士比赛的最重要的文献之一。

在青铜版上，刻有马可·奥勒留和康茂德共治时期颁布的法令，其大约颁布于公元177年—公元178年间。法令铭刻在多块青铜版上，今仅存一块（156厘米×92厘米）于1888年发现，现藏于马德里国家考古博物馆。青铜版铭刻的法令规定并限制角斗士的所有者、训练者和交易者向比赛举办者索要高价（帝国宗教的祭司通常自己出钱资助庆祝活动），这项措施旨在限制角斗士交易者哄抬价格，保护资助庆祝活动的当地贵族不破产。

插图 意大利卡的罗马圆形剧场。意大利卡是大西庇阿在公元前206年在西班牙建立的第一座城市。

的一举一动，后者对此非常不满。公元177年战争爆发，日耳曼人仿照上次战争期间的军事联盟策划建立了一个庞大的联盟，但是萨尔马提亚人得到了罗马给出的优厚条件而拒绝参加联盟。公元178年，罗马在战争中节节获胜，最终在次年取得了巨大的胜利，并得以在“蛮族”人领土上驻扎2万名士兵。当年铸造发行的硬币上刻有“保国之君”传奇，便是这场胜仗的见证之一。此外，《罗马帝王纪》提到马可·奥勒留决定征战多瑙河以北，并在该地区设立新的行省。这个计划本来早该实行，但因为亚维狄乌斯·卡西乌斯叛乱的发生而被推迟了。《罗马帝王纪》称，这些新的领地将被命名

为马科曼尼和萨尔马提亚。然而，公元 180 年 3 月 17 日，马可·奥勒留在塞尔曼（今塞尔维亚境内）去世，甚至还没有来得及发起征战。因此，解决多瑙河问题的权力和责任落到了康茂德身上。马可·奥勒留的遗体被运回罗马，并且被封为神。

马可·奥勒留和康茂德父子的共治政府不仅在军事上有所作为，并且还开展了重要的立法工作。他们颁布了许多法令，包括打击抢劫勒索和敦促行政长官和政务官协助逃亡的奴隶主，而且保护获释奴权利的法令也是在这个时期颁布的。此外，角斗士比赛的费用被勒令削减，目的是限制举办庆祝活动的支出。这是国家干预民事的又一个例证，

公元 2 世纪末的日耳曼民族

在莱茵河和多瑙河畔，罗马帝国边境之外的广袤土地上居住着许多部落。几个世纪以来，罗马和其中的一些部落建立了或友好或敌对的关系。一些部落被罗马的富裕所吸引，或者希望找到新的土地定居，因此屡屡进犯罗马边境。还有一些部落如哥特人，则侵扰与罗马帝国接壤的土地上的部落，借此从东部向罗马推进。

公元 2 世纪，罗马皇帝多次远征边境长城以外的地区，其中最重要的是由图拉真和马可·奥勒留发起的战争。从公元 2 世纪中叶起，尤其是在随后的几个世纪中，部落占据上风，逐渐进入罗马领土并建立起新的国家。欧洲的格局将被深刻改变，“蛮族”的入侵也孕育了今天欧洲的多数民族。必须指出，“蛮族”与我们想象的相反，他们在与罗马的接触过程中不断发展，并且已经具有罗马文化的许多特征。因此，在罗马帝国衰亡后（“蛮族”入侵加速了罗马帝国的衰落），“蛮族”发展起来，他们拥有了先进、开化的文明，并且高度罗马化。他们成为罗马强大的对手，已经远不是罗马从前的敌人可比了。

插图 康茂德半身像，现藏于罗马卡比托利欧博物馆。

而皇帝希望通过此举保护当地贵族的财富。因为，他们互相攀比，举办奢侈豪华的庆祝活动，最后常常以破产告终。同时，角斗士比赛吸引了越来越多的民众观看，限制比赛费用的目的还在于防止角斗士教练大肆提高价格。在公元 169 年—公元 170 年以后，由于角斗士被军团征用，人数短缺，资助庆祝活动的贵族不得不花大价钱举办比赛。

为此，皇帝马可·奥勒留实行了两个措施。第一个措

以弗所帕提亚人纪念碑　为纪念路奇乌斯·维鲁斯而建造了这座纪念碑，碑体描绘了帕提亚战争场景和罗马人的胜利。该片段描绘了一名士兵正在抽打跪着的敌人，现藏于维也纳艺术史博物馆以弗所馆。

施是允许购买死囚犯用作角斗士比赛（这一措施至少在高卢地区得到实施）。但是这个措施却被滥用，为了增加角斗士数量，许多无辜者被判死刑。在马可·奥勒留统治期间，帝国对基督教徒的迫害死灰复燃，但显然不是宗教动机而是因为角斗士短缺。第二个措施是上面提到的比赛价格限令。限制比赛费用，是为了防止行省的富裕公民利用举办比赛扩大自己的地方势力，并借此得到更高的政治地位，因为只有皇帝本人才是罗马民众至高无上的施恩者。

充满争议的统治

康茂德历来被视作卡利古拉、尼禄和图密善之流的坏皇帝，通过当今的文学和电影的传播，他残暴、嫉妒的君主形象深入人心。

古代的历史学家首先塑造了康茂德的暴君形象，所有文献对他的评价都是负面的。在《罗马帝王纪》中，康茂德被刻画成一个贪淫好色、无德无情的卑鄙之徒。历史学家狄奥·卡西乌斯部分否认了这些对康茂德的指责，但认为他头脑简单、为人懦弱、容易受他人影响，以至于被野心家和堕落之徒所利用而变得放荡残酷。公元3世纪，学者赫罗狄安（Hérodien）在《罗马帝国史》（*Histoire romaine depuis la mort de Marc Aurèle jusqu'à l'avènement de Gordien III*，从马可·奥勒留到戈尔迪安三世）中也将康茂德描绘成一个年轻且易受影响的人物。

历史学家狄奥·卡西乌斯生活在康茂德统治时期的罗马，赫罗狄安可能也一样，因此这两位历史学家的说法极其重要，他们都是那个时代的见证者。然而，作为康茂德的同时代人，他们的描述肯定受到当时的政治环境和他们自身社会地位的影响。狄奥·卡西乌斯是元老院成员，很可能遭受过康茂德的羞辱，而皇帝与元老院之间不断的冲突也给他造成了影响。赫罗狄安试图解释罗马帝国在他所处时代的混乱局面，他认为公元3世纪的危机是皇帝康茂德的暴行所造成的。不过，历史学家认为《罗马帝王纪》的立场明显倾向于元老院，因此叙述并不可靠。在此，我们并不是为康茂德正名，而重新塑造康茂德的形象只能在发掘更多的文学、碑铭学、钱币学和考古学文献后才能进行。

“铁锈王国”

历史学家狄奥·卡西乌斯断言，随着马可·奥勒留统治的终结，罗马帝国从“黄金时代”沦为了“铁锈王国”。其实，康茂德统治的症结是皇帝与元老院之间的敌对关系。康茂德和图密善一样，在位期间打压元老院，并毫不犹豫地处死了几位元老。康茂德向元老征收额外税款，用来维持皇家的奢侈生活以及他在罗马举办的角斗士比赛，且元老院成员也要被迫观看这些比赛。

康茂德与元老院的不和，从他的父亲马可・奥勒留去世后就开始了。元老们对年轻的皇帝康茂德的政治决策感到不满，尤其是他改变了帝国的军事战略，放弃了多瑙河边境的战争。

在古代的一些学者看来，康茂德胆怯懦弱，他放弃对外战争的目的是尽快回到罗马享乐。其实，康茂德之所以结束多瑙河地区的战争，是因为军队中鼠疫蔓延，他担忧自身的健康。据文献称，康茂德突然终止战争，启程返回了罗马。

然而，马可・奥勒留是 3 月去世的，而新帝康茂德 10 月才返回罗马。这表明，康茂德并非像一些学者声称的那样草草结束了战争。不仅如此，康茂德与夸德人和马科曼尼人签订的条约比马可・奥勒留时期的还要严苛："蛮族"人的军队被迫释放囚犯和逃兵以向罗马辅助大队提供兵源，并以现金形式缴纳贡赋。与之前的条约一样，罗马人禁止"蛮族"部落接近多瑙河，也不允许他们主动宣战。康茂德虽然放弃了父亲马可・奥勒留的战争计划，但这并不是轻率的决定。康茂德主动选择结束这场代价高昂的战争，是因为这场战争无益于巩固边防，而多瑙河本就是最好的天然防线。这项政策，类似于早前哈德良实行的政策，即发展帝国内部，不再远征防御长城以外的敌人。但是，元老院曾对哈德良的政策不满，也对康茂德同样进行了尖锐的批评。因此，康茂德也失去了父亲马可・奥勒留曾经享有的军事贵族的支持。

公元 180 年，只有 19 岁的康茂德回到罗马，开始组建新的元首顾问团。康茂德怠政并让其他人处理政务，这使他与元老院的关系更加恶化。然而，康茂德并没有对元老院不管不问，他于公元 181 年担任执政官且在此后又四次担任该职务，并在必要时从不缺席元老院会议。

康茂德的倒行逆施引起了前政权多数高层叛变，很快罗马城内便发生了叛乱。公元 182 年，"异见者"策划了一场阴谋，康茂德的姐姐鲁琪拉（Lucilla）也参与其

康茂德的姐姐鲁琪拉——谋杀皇帝的策划者

鲁琪拉是马可·奥勒留和小福斯蒂娜的二女儿，是一位颇有影响力的罗马女性，拥有“奥古斯塔”（皇后）头衔。鲁琪拉身处权力中心，在父亲马可·奥勒留的皇位继承规划中占有特殊的位置。鲁琪拉传奇的个人经历使她成为安敦尼王朝有影响的罗马贵妇（其母亲小福斯蒂娜也是其中之一）之一。

鲁琪拉在 11 岁时被许配给路奇乌斯·维鲁斯，他们于公元 163 年—公元 164 年间在以弗所完婚，当时正值帕提亚战争期间，路奇乌斯·维鲁斯时任罗马指挥官。在鲁琪拉的丈夫路奇乌斯·维鲁斯死后，马可·奥勒留在公元 169 年强迫正在服丧的鲁琪拉嫁给了年长她许多的将军提比略·克劳狄乌斯·庞培努斯，后者是马可·奥勒留的重要支持者之一。马可·奥勒留去世后，鲁琪拉渴望获得更多的权力，但弟弟康茂德却另有打算。年轻的皇帝康茂德返回罗马两年后，鲁琪拉密谋杀害他。谋杀动机尚不清楚，据说鲁琪拉不满于寝宫侍从萨特勒斯受到重用，也可能是因为嫉妒康茂德的妻子布鲁蒂亚·克里斯皮纳，因为她的存在令她失去大部分特权。无论是什么原因，密谋的目的是杀掉皇帝康茂德，而参与密谋的一位贵族将取而代之。但是，谋杀以失败告终，鲁琪拉被流放到卡普里岛，并于公元 182 年被处决。

插图 罗马铸造的金币，上面刻有皇后鲁琪拉的半身像。

中。鲁琪拉先是嫁给了路奇乌斯·维鲁斯，后又与马可·奥勒留手下的将军提比略·克劳狄乌斯·庞培努斯（Tiberius Claudius Pompeianus）结婚。一些有影响力的元老和皇室其他成员也参与了阴谋，密谋者的计划是在康茂德到达他主持的比赛现场时将其谋杀。

皇帝康茂德的朋友、鲁琪拉的女婿克劳狄乌斯·庞培努斯·昆提亚努斯（Claudius Pompeianus Quintianus）负责暗杀。此次谋杀的背景和情势使人联想起诛戮暴君卡利古拉，而这种相似性无疑是密谋者精心策划的结果，但是事情并没有按计划进行。根据历史学家狄奥·卡西乌斯的说法，昆提亚努斯走近康茂德，将匕首摆在他面前，并对他说："看看吧，……这是参议院送给你的。"昆提亚努斯为他的傲慢付出了生命的代价，因为他给了康茂德的随从反应的时间，后者控制住了他。这次谋杀事件后，康茂德意识到他在罗马的真实处境，因此他的态度也自然地发生了转变。此后，康茂德生活在被谋杀的阴影下，陷入了煽动民众和恐怖统治的漩涡，因而他拼命地保护自己并攫取至高无上的权力。显然，元老院首当其冲，骑士阶层也未能幸免，康茂德对他们极尽挑衅和侮辱。第一次谋杀康茂德的行动失败了，许多元老被判处死刑，他们或是参与了密谋，或是仅仅有嫌疑，有的甚至只是被匿名指控。康茂德的姐姐鲁琪拉被流放到了卡普里岛，不久就被处决。

角斗士皇帝

所有文献都表明，康茂德热衷于公共表演，尤其是战车比赛、狩猎表演和角斗士比赛。康茂德本人也接受过战车比赛和角斗士比赛的训练，并参加过好几次庆祝表演。古代的一些学者称，康茂德每次参加庆祝表演都要从国库中取走 100 万塞斯特斯（青铜币）——这是一个天文数字，相当于 1000 个家庭一整年的花费！康茂德还参加狩猎活动，关于他的狩猎能力有很多奇闻轶事。例如，康茂德在两天内杀死了 1 头犀牛、5 头河马、2 头大象和 1 只长颈鹿；在竞技场的高台上扔了 100 支投枪，杀死了 100 只狮子。康茂德的狩猎天赋也包括了射箭技能。例如，有一天，康茂德使用新月形箭头射杀了好几只鸵鸟，中了这种箭头的鸵鸟不会立刻死去，而是在垂死中持续奔跑。有时候，康茂德也残酷地恐吓他的敌人——元老院成员。历史学家狄奥·卡西乌斯说，有一次猎杀鸵鸟之后，康茂德割下了鸵鸟的脑袋，并一手挥舞着剑的同时又转身望着现场的元老，以让他们提前感受即将到来的命运。

由于康茂德对演出的喜爱，很多故事就被臆造了出来，如杀死巨人的故事。其实，这些巨人不过是失去行走能力的人被化装成蛇的样子供康茂德击杀，以纪念大力神赫拉克勒斯。据说，马可·奥勒留的妻子小福斯蒂娜迷恋一名角斗士，他才是康茂德的亲生父亲；不仅如此，皇后小福斯蒂娜为了治疗所患的疾病，还使用这名角斗士的血沐浴。

康茂德热衷娱乐活动，生活放荡、堕落，并把政务交给身边的佞臣处理。这些人的唯一目的就是满足皇帝的要求，从而能够继续不声不响地敛财，并扩大他们自己的影响力；有些人也甚至妄图登上皇位。无论如何，康茂德非常警惕，并在罗马贵族圈子之外寻找支持者，希望围绕在身边的人都对他忠心不二。

在公元 182 年鲁琪拉参与的谋杀事件之后，康茂德开始宠信几个不知名的人物，并首先任命获释奴萨特勒斯（Saoterus）为寝宫侍从长。萨特勒斯遭到普遍的反感，被近卫军首领佩伦尼斯（Tigidius Perennis）和帕特努斯（Tarrutenius Paternus）杀害。后来，佩伦尼斯又杀了帕特努斯，并在公元 182 年—公元 185 年间担任最显赫的职务。不列颠军团士兵起义后，康茂德处死了佩伦尼斯，原因不明。此后，康茂德宠信克里安德（Cléandre）。克里安德名声不佳，也是获释奴和皇帝内侍长，后来得到皇帝恩宠成为近卫军长官，一直到公元 189 年止。

在这些年间，很多元老和骑士被暗杀，他们的财富被用来填补康茂德的金库。无论是谁，只要反对康茂德独裁，就会遭到杀害，无一例外。康茂德的妻子布鲁蒂亚·克里斯皮纳（Bruttia Crispina，克里斯皮纳 [Crispine]）被以通奸罪处决。此外，执政官等军事和政治官职都被公开售卖，无论候选人的社会背景如何一律价高者得，而这是元老院所不能容忍的。公元 189 年，卖官鬻爵的风气达到顶峰。这一年，执政官的位子上至少有 25 人，其中包括未来的皇帝塞普蒂米乌斯·塞维鲁（Septime Sévère）。同时，康茂德将奉承和巴结自己的人安排进元老院。不过，康茂德的重臣克里安德因为贪污渎职在公元 189 年失宠了。克里安德被视为罗马民不聊生的罪魁祸首，元老院策划了民众起义，而这直接导致了他的下台。虽然克里安德是皇帝康茂德的左膀右臂，但重视民意的康茂德决定把他交给平民处置。

克里安德曾罢黜了罗马骑士帕皮利乌斯·狄奥尼西奥斯（Papirius Dionysius）

的埃及总督职务，并调任他去担当无利可图的罗马粮食供应机构阿诺纳的长官。为了报复克里安德，狄奥尼西奥斯故意造成首都粮食短缺的局面，并导致了大规模民众起义。起义在马克西穆斯竞技场爆发，虽然皇帝的宠臣克里安德派出军队镇压，但起义者在其他士兵的协助下仍然坚持抵抗。

帝国的治理

许多学者认为，公元 2 世纪的国家行政管理水平已经日臻成熟稳定，帝国能够不依赖皇权独立运作。根据这一论断，皇帝的品格和举止主要影响首都以及贵族阶层，而帝国政府良好的行政运作则保证了各行省安全无忧。历史学家塔西佗

拇指朝下

得胜的角斗士等待皇帝康茂德裁决败方的生死，决断的结果通过将拇指朝上或朝下来表示。康茂德热衷于观看角斗士比赛，甚至亲自下场参与，而这个癖好破坏了他的声誉。这幅油画是让-里奥·杰洛姆（Jean-Léon Gérôme）1872 年所作，让人感受到了罗马斗兽场的气氛。

罗马帝国的零售贸易

公元2世纪末，罗马是地中海最重要的城市，是繁荣市场的中心区，来自整个帝国和其他地区的商品都在这里汇集。当时，地中海地区和平安定，人、思想和商品都可以自由流动，促进了商业的发展。埃利乌斯·阿里斯蒂德斯（Aelius Aristide）在《罗马献词》（*Discours en l'honneur de Rome*）中精彩地描述了罗马在帝国贸易中的中心地位："一年四季中陆地和海洋中生长的东西，所有国家、河流、池塘出产的东西，还有希腊人、'蛮族'人生产的东西，都汇集到我们这里。谁想看看世界上生产的一切东西，就必须行遍整个世界或者来到我们的城市。……每年夏秋，货船将世界各地的物品运到罗马，罗马城仿佛是整个世界的共同市场。"

插图　科尔尼利乌斯·阿提米图斯（Cornelius Atimetus）墓的浮雕装饰（右图），描绘了刀具商向顾客展示不同的刀具。现藏于罗马文明博物馆。

面包店　顾客在庞贝的一家面包店购买面包，这种面包与公元1世纪维苏威火山爆发时保存在火山灰中的面包是同一种。

面料和靠垫　顾客坐着，身后是他们的奴隶，店主正在向他们介绍货物。现藏于罗马文明博物馆。

肉店　肉类是奢侈品，一般只有在宗教祭祀时才能吃到。现藏于罗马文明博物馆。

酒馆　在当地乡绅森蒂亚·亚马兰蒂斯（Sentia Amarantis）妻子的墓碑上，描绘了酒馆女老板从酒桶中舀酒的场景。现藏于梅里达国立罗马艺术博物馆。

小麦生产与运输

随着罗马城的不断发展，人口变得过多，生产的粮食无法满足居民生活的要求。

贵族把持的土地不再用于谷物种植，因此粮食短缺成为地中海地区的大城市和意大利的大部分地区面临的普遍问题，而帝国的首都罗马城尤为严重。因此，西西里岛、北非和埃及成为罗马粮食的主要供应地区。皇帝康茂德通过国家补贴和私人贸易商资助的方式，尽力确保这些外部粮食供应区的正常运行。谷物的运输路线和种植区域成为罗马官员竞相角逐的焦点，而粮食的短缺和高昂的价格经常引起民众不满。

插图 罗马乌蒂纳城发现的公元 3 世纪的马赛克镶嵌画，描绘了谷物女神克瑞斯（Cérès）收割小麦的场景。现藏于突尼斯巴尔多国家博物馆。

铜币

硬币正面是康茂德肖像，背面是卡比托利欧山的朱庇特神庙。为了填补统治期间的巨额开支，康茂德提高了元老院阶层的税款，加剧了二者之间的紧张关系。

记录了昆图斯·佩提里乌斯·凯利亚里斯（Quintus Petillius Cerialis）在高卢的演讲，他说道："君主善德，臣民无论远近都能受到恩泽；君主恶德，殃及的只是他身边的人。"

毫无疑问，正因为有了一批优秀的行政官员，罗马帝国的管理运作才能如此高效。这些行政官员远离宫廷斗争，也不受皇帝近臣圈子的影响。因此，确定康茂德的政府管理在何种程度上区别于前几任皇帝的统治是很有趣的。与最负面的评价不同，一些其他文献（尤其是文学文献）表明安敦尼王朝的末位皇帝——康茂德也勤于政务，尽管他的施政风格完全不符合马可·奥勒留时代前元首顾问们的口味。特土良

（Tertullien）是康茂德和塞维鲁统治时期的一位基督教哲学家，在他的笔下这个时代远非世界末日的景象而是一派繁荣："我们每天都更了解这个世界，它愈加文明开化。到处都是道路，我们认识每一个地方，所有国家都开放贸易。迷人的农场取代了辽阔的荒漠，耕地取代了森林，牛群取代了野兽……岩石和石块被清除，沼泽地的水被吸干……凡是有生命迹象的地方，就有房屋、人类的建筑和正直的官员。"

有鉴于此，应该说康茂德统治时期的主要问题并不是像一些文献所说的宠臣和新贵专权，而是首都罗马的紧张气氛以及皇帝和罗马贵族之间的敌对关系。康茂德日益加强的皇权专制引发了这种敌对关系，导

致许多权贵世家消亡，并将国家卷入了一场混乱的内战，而罗马将为此付出高昂代价。但是，在其他方面，康茂德延续了前任皇帝马可·奥勒留的政策，尤其是通过擢升骑士阶层实现行政管理的官僚化和专业化，并为骑士阶层创建了新的监察官职务。

同前几任统治者一样，康茂德也没有忽视法律事务，他执政期间颁布的法律被收录进《民法大全》。在康茂德掌权期间，权力更加集中，由此可以理解他的宗教政策（尤其是执政后期）以及他与元老院的敌对关系。康茂德希望继续实行安敦尼王朝皇帝的家长式措施和慈善活动，以获得民众的支持。虽然康茂德没有在罗马城大兴土木——仅仅建了几个浴场和一座神庙，但他却数次向民众捐赠，并资助了无数的庆祝活动，获得了平民对他的支持。

康茂德还关注粮食供应，他着手使北非局势正常化，并整治了违背《哈德良法令》的行为，而这些措施旨在支持谷物生产商而不是中间商和贸易商。康茂德还建立了一支新的航队将谷物运输到罗马。

罗马人和“野蛮人”的战争

这块公元 2 世纪的浮雕描绘了罗马军团和边境各部落的残酷战争，浮雕底部的小木屋和圣栎树展现了“蛮族”的农耕生活。现藏于巴黎卢浮宫博物馆。

广场景象（第 191 页）

广场是社会生活的中心，该壁画描绘了广场日常的热闹景象。现藏于那不勒斯国家考古博物馆。

皇帝康茂德的21个名字

罗马人有在姓氏中增加其他称号的传统，有些称号是世代相传的荣誉称号，有些则是对个人政绩的褒奖（如战胜“蛮族”部落）。

公元161年

出生后，父亲马可·奥勒留给康茂德起名为路奇乌斯·奥雷里乌斯·康茂德乌斯。

公元166年

被指定为皇位继承人，在名字中加入“恺撒”称号。

公元172年

马可·奥勒留打败日耳曼人后，康茂德获得“日耳曼尼库斯”称号，全名为：路奇乌斯·奥雷里乌斯·康茂德乌斯·恺撒·日耳曼尼库斯。

公元175年

马可·奥勒留打败萨尔马提亚人，康茂德获得“萨尔马提库斯”称号。

公元176年

成为帝国的共治者。马可·奥勒留授予康茂德“英白拉多”（皇帝）和“奥古斯都”的称号，官方全名为：英白拉多·恺撒·路奇乌斯·奥雷里乌斯·康茂德乌斯·奥古斯图斯·日耳曼尼库斯·萨尔马提库斯。

公元180年

父亲马可·奥勒留死后，康茂德成为唯一的皇帝，并在官方姓名中加入“安敦尼努斯”的称号。不久，为了纪念父亲马可·奥勒留，康茂德将个人名“路奇乌斯”改为“马尔库斯”。

公元182年

在名字中加入“庇乌斯”。同年，加入“马克西穆斯”，全名为：英白拉多·恺撒·马尔库斯·奥雷里乌斯·安敦尼努斯·康茂德乌斯·奥古斯图斯·日耳曼尼库斯·萨尔马提库斯·庇乌斯。

公元184年

自封“布列塔尼库斯”称号。

公元185年

在姓名中加入“菲利克斯”头衔，全名为：英白拉多·恺撒·马尔库斯·奥雷里乌斯·安敦尼努斯·康茂德乌斯·奥古斯图斯·庇乌斯·菲利克斯·日耳曼尼库斯·马克西穆斯·萨尔马提库斯·布列塔尼库斯。

公元191年

恢复了自己的个人名“路奇乌斯”，并加入了氏族名“艾利亚”——皇帝哈德良即属于艾利亚家族。

公元191年—公元192年

放弃了“安敦尼努斯”称号，自封了新的头衔，官方姓名为：英白拉多·恺撒·奥古斯图斯·庇乌斯·菲利克斯·因维克图斯·埃克斯佩瓦托留斯（意为“至高无上的”，是朱庇特专有的称号）·路奇乌斯·艾利留斯·奥勒留乌斯·康茂德乌斯·萨尔马提库斯·安敦尼努斯·日耳曼尼库斯·马克西穆斯·布列塔尼库斯·亚马孙尼乌斯（大力神赫拉克勒斯的名号，皇帝自称赫拉克勒斯）。不久，康茂德又自封了新的头衔：大祭司、祖国之父、世界和平的缔造者和我们的君主。在不同的文献史料中，康茂德的21个名字的顺序不尽相同。

然而，尽管康茂德致力于解决粮食问题，但公元 184 年时罗马的众多粮食机构却失去了政府资助。康茂德统治期间还面临鼠疫带来的灾难。帕提亚战争后，鼠疫在罗马蔓延开来，并不断造成民众死亡。其中，在公元 187 年—公元 188 年最为严重，仅罗马城每天就有 2000 人死亡。

马可·奥勒留给儿子康茂德留下了安定的领土，因此康茂德统治时期地中海地区和平安稳。年轻的康茂德受哈德良和安敦尼·庇护外交政策的启发放弃远征，转而寻求帝国内部的稳定安宁。但是，边境冲突仍时有发生，如公元 185 年非洲、高地日耳曼和潘诺尼亚就发生了暴乱。公元 184 年，达契亚发生了短暂战争，虽然这场战争并没有给帝国带来很大的影响，但罗马仍然加强了多瑙河边境的防御体系。三年后（公元 187 年），新的冲突爆发，罗马帝国轻而易举地控制住了局势；北方部落袭击不列颠，罗马军团将其赶出了哈德良长城外。

除了边境问题，罗马帝国内部也发生了叛乱——史称“逃兵起义”，并严重地影响了高卢和西班牙。康茂德统治初期，多瑙河边境安定，遭遣散的士兵就开始策划叛乱，起义者除了退伍军团士兵，还包括无家可归的流浪者和受到不公正审判的犯人。起义持续了数年，大约到公元 188 年才结束，好几个城市被占领了。未来的皇帝、时任里昂高卢行省军团长塞普蒂米乌斯·塞维鲁命令阿基坦总督佩斯切尼乌斯·奈哲尔（Pescennius Niger）出兵镇压，终于平息了逃兵起义。

起义军首领是一名叫马特努斯（Maternus）的士兵，他的事迹被编成浪漫的故事流传下来，但故事的真实性受到一些学者的质疑。据说，逃兵起义失败之后，马特努斯设法逃脱了，但他没有藏起来，而是前往罗马暗杀皇帝康茂德。另有几名起义兵和他联合行动，取道不同的路线到达罗马。他们想趁纪念女神库伯勒的春季嬉乐节接近康茂德并将他杀死，但是其中一名起义兵告密，致使马特努斯在实施刺杀计划前就被逮捕并处死了。

总之，与前几任皇帝相比，康茂德的统治时间相对较短，他延续了安敦尼王朝皇帝的经济政策和社会政策。唯一不同的是，康茂德与元老院势同水火，他命令人民要像供奉神灵一样供奉自己。康茂德的所作所为极大地触犯了元老院特权阶层的利益，但远离权力斗争的普通公民和罗马民众并未受到影响。

康茂德统治时期，鼠疫流行，“蛮族”部落不断侵扰，维持皇帝集权统一国家日益困难。不过，与这些棘手的事务比起来，皇帝康茂德和元老院之间的紧张关系并不是最重要的。自弗拉维王朝以降，尤其是公元 2 世纪，皇帝不断干预更多的政务，并将权力扩大至新的领域。随着皇权不断增加，皇帝的地位至高无上，远远超过了自奥古斯都时期对皇权的限制。因此，皇帝需要在思想和宗教领域寻求新的话语方式为皇帝集权的合法化背书，这是一个艰巨的任务。直到公元 4 世纪，基督教被定为罗马国教之后，这个任务才终于完成。

康茂德的结局

据元老院文献记载，康茂德在执政的最后一年堕落疯狂至极。公元 189 年克里安德死后，康茂德依赖并重用情妇马琪亚（Marcia）的丈夫艾克列克塔斯（Eclectus）和新任近卫军长官昆图斯·艾米留斯·莱图斯（Quintus Aemilius Laetus）。康茂德的专制主义倾向越来越明显，对他而言，国家与皇帝个人形象密不可分。康茂德采取了一些荒诞不经的变革，与其说是自大狂的胡言乱语，毋宁看作是帝王集权主义和专制主义的意识形态支撑。

康茂德为了强调自己至高无上的地位，下令所有权力机构——人民、参议院和军团——都冠上他的名字，并将这个时代更名为“康茂德黄金世纪”。12 个月份也被重新命名：亚马孙尼乌斯、因维克图斯、菲利克斯、庇乌斯、路奇乌斯、艾利留斯、奥勒留乌斯、康茂德乌斯、奥古斯图斯、赫拉克勒斯、罗曼努斯和埃克斯佩瓦托留斯。永恒的罗马城变成了科洛尼亚·鲁琪亚·奥雷利亚·诺瓦·康茂狄亚纳，而由此可以看出这座古代城市已经失去了它的重要性，地位等同于普通殖民地。

同样是在公元 189 年，康茂德将自己的名字与大力神赫拉克勒斯联系在一起，

自称赫拉克勒斯·罗曼努斯，要求人民供奉他，并为此任命了一名祭司。元老院作为批准官方宗教崇拜的机构，通过了康茂德的封神要求。生前封神是对帝王的赞耀，在古代地中海地区和罗马很普遍。但是，安敦尼王朝其他皇帝崇尚低调和谦逊，因此主张死后再被列为神。

康茂德的个人崇拜措施在碑铭文献中得到证实。在幼发拉底河畔的杜拉欧罗普斯城发现了一尊祭坛，祭坛为城市的守护神而设，为了“至高无上的康茂德乌斯·奥古斯图斯的安宁，和我们的君主、世界和平的缔造者、不可战胜者赫拉克勒斯·罗曼努斯的胜利”；在瓦卢比利斯（今摩洛哥境内）也发现了类似的祭坛。康茂德帝王雕像也证

康茂德之死

当着艾克列克塔斯、马琪亚和近卫军长官昆图斯·艾米留斯·莱图斯的面，皇帝康茂德被纳尔奇苏斯（Narcisse）勒死。这幅木刻版画是1810年吉塞普·莫切蒂（Giuseppe Mochetti）根据巴尔托洛梅奥·皮内利（Bartolomeo Pinell）为罗马历史绘制的插图所作，现藏于柏林艺术与历史档案馆。

实了他生前被封为神。罗马和日耳曼保存了康茂德–赫拉克勒斯的众多雕像，西方出土的一些碑铭也证实了康茂德和神祇的联系，以及从当时铸造的硬币上也可以看出康茂德的神化。

康茂德是被谋杀的。据说，公元 193 年 1 月 1 日，康茂德打算主持元老院的开幕典礼，但他打扮成角斗士的模样，身后跟着一队角斗士，而队列前方还有狮皮和大棒——代表赫拉克勒斯。然而，对于这种怪诞的出场，连康茂德的亲信都不喜欢。康茂德对他们的批评很生气，决定将他的亲信们处死。为了阻止这一切发生，马琪亚、艾克列克塔斯和莱图斯计划除掉康茂德。于是，康茂德的情妇马琪亚给他倒了一杯毒酒，然后康茂德陷入沉睡中，醒来后呕吐不止，而密谋者又找来摔跤手纳尔奇苏斯将他勒死。元老们听到康茂德的死讯后拍手称快，并立刻将他处以“记录抹杀刑”。

现代史学家重新解释了古代文献记载的这件轶事，他们认为，策划谋杀皇帝的是几位当时有影响力的重要人物，如佩蒂纳克斯（Pertinax）。无论如何，康茂德死后，罗马帝国陷入了长期的政治动荡和内战之中，直到塞普蒂米乌斯·塞维鲁建立新的王朝。然而，吊诡的是，虽然所有的官方记录全部抹去了康茂德的名字，而他却为塞维鲁王朝提供了思想参照，且利用他实现了自身的合法化。塞普蒂米乌斯·塞维鲁废除了康茂德的“记录抹杀刑”并将其封神，康茂德成为奥林匹亚山的众神之一。

塞维鲁王朝恢复了康茂德的名誉，将其视为公元 2 世纪的强大王朝和新的塞维鲁皇族的过渡者，并把他列为神。尽管如此，康茂德的放荡堕落形象仍然没有得到改变。由此看来，古代历史学家描绘的康茂德比官方意识形态建构的康茂德的形象更有影响——与图密善一样，康茂德也是将个人淫乐置于国家利益之上的暴君的典范。

历史学家吉本称，公元 2 世纪是人类历史上最幸福、最繁荣的时代。在近一个世纪的时间里，帝国政府很好地掩盖了其集权和专制的本质。康茂德时期，帝国统治的独断、君王的专制和独裁公开暴露出来，令人联想到卡利古拉和图密善的恐怖统治，这是支持元老院的学者所无法忍受的。

安敦尼王朝的皇帝所具有的节制和仁慈随着康茂德的统治而不复存在，亲元老院的学者们不遗余力地勾勒这种趋于瓦解的理想君主的形象。历史学家狄奥·卡西乌斯的作品中有一段名言，可看作是元老们为好皇帝下的一个最为清晰的定义：“如果你总是威严、正直、骁勇善战又爱好和平，如果你举止得体，如果你不傲慢自负，如果你平等地对待你的臣民，如果你不剥削他们以中饱私囊，如果你不混乱无章、不对臣民施以不公的惩罚，如果你不放荡、不残酷，而是与臣民过着同样的生活，他们怎么能不视你为父亲、救世主，他们又怎么会不爱戴你呢？”康茂德彻底打破了这种平等以及皇帝与元老相互依存的关系。安敦尼王朝的末位皇帝预示着新的帝国的诞生，各个领域都将经历深刻的动荡和变革，传统价值观念和权力观念将被颠覆。总之，新的秩序已经到来。

档案：面包与马戏

角斗士比赛在罗马落幕。几个世纪之后，角斗士表演的残忍、华丽以及所展示的人类悲剧仍然令人着迷。

罗马的表演活动并不是简单的娱乐活动，而是皇帝和臣民对话交流的重要契机。对于皇帝而言，竞技场是一个理想的场所，可以在此下达政令，庆祝自己的荣耀并向罗马人民表现帝王的慷慨。不仅在罗马，帝国其他城市的地方贵族也同样利用大大小小的表演活动实现同样的目的。然而，在罗马这样的不平等、不宽容的奴隶制社会中，令民众喜闻乐见的表演活动具有更深的意义。这些活动表现并且宣扬了帝国首都是世界的统治者，竞技场内被杀死的奴隶、罗马国内的犯人和战俘证明了这一点。

角斗士比赛和战斗场面展现出了罗马至高无上的地位，同时表明其世界统治者的地位是通过

斗兽场（第198页） 斗兽场位于台伯河左岸，可容纳5万名观众，是世界最著名的古迹之一。

弗拉维圆形剧场：两千年的历史

公元71年左右

弗拉维王朝第一位皇帝韦帕芗统治时期，开始修建圆形剧场。

公元80年

提图斯在位期间举行了斗兽场开幕典礼，庆祝活动有海战剧、角斗士比赛和盛大的狩猎表演。

公元82年

图密善时期，圆形剧场正式竣工，并增加至四层。

公元217年

雷电引起火灾，圆形剧场毁坏严重。公元238年，圆形剧场修缮完成。

公元404年

皇帝霍诺留（Honorius）取缔罗马角斗士比赛。

公元5世纪和公元6世纪

公元442年和公元508年发生了两次地震，圆形剧场的建筑主体结构遭毁坏。

公元523年

东哥特国王狄奥多里特（Théodoric）在位期间，圆形剧场举办了最后一场表演。

角斗士金币 金币上刻有一名角斗士，手拿获得象征胜利的棕榈枝。

斗兽场的内部构造

罗马斗兽场（或称弗拉维圆形剧场）是罗马帝国史上最大的圆形剧场。剧场呈椭圆形，长轴188米，短轴156米，周长527米，高50米，有45 000个坐席，此外还可以容纳5000名站着的观众。斗兽场的看台由石灰砌成的环形拱廊组成，每层80个拱门。壁柱和拱门也是由石灰垒砌而成，没有使用灰浆粘接；看台底部和地下部分则使用坚固的凝灰岩，木材也被大量使用。木质看台在公元217年火灾中烧毁，直到公元240年才完全修好。

插图 右图，彼得·康诺利（Peter Connolly）作于1935年的斗兽场复原图；左图，油灯，上面刻有正在训练的角斗士。

①**遮阳帆布** 挑檐下面排列着240个中空的突出部分，用来安插木棍支撑起巨大的帆布为观众遮阳。

②**顶层廊柱** 保护顶层看台的廊柱由单块灰色花岗岩或希腊埃维亚岛出产的绿色罗纹大理石雕琢而成，柱础和柱头则是白色大理石制成的。

③**木质座位** 看台一至四层为大理石座位，由拱形结构支撑；第五层的座位是木质的，目的是减轻重量和对外墙的压力。

④**水兵** 看台最顶层的很可能是来自米塞纳和拉文纳舰队的千名皇家水兵，他们负责在看台最顶层拉起和撑开巨大的遮阳帆布。

⑤**入口** 观众通过入口进入指定的看台区域，入口处装有防护设施，避免观众掉入层间楼梯。

⑥**皇家看台** 南立面入口处供皇帝使用（可能装饰成凯旋门样式），皇帝经此进入皇室特席。皇家看台非常靠近竞技场，位于场地的短轴线上。

⑦**大理石看台** 元老、贵族、公民和平民分别就坐于看台的一至四层，用于制作座位的大理石今天已不可见。

⑧**底层**　底层看台位于竞技场地上方4米处，元老、贞女、外国使节和其他高级官员在此观看比赛。

⑨**竞技场地**　场地为椭圆形，长轴75米，短轴44米。赛场的地面没有保存下来，但据推测地面应是木质的，靠近看台的区域是石头砌成的。

⑩**拱廊通道**　观众经由4个巨大的环形拱廊和复杂的楼梯进入看台不同区域，拱廊墙壁涂有灰浆。

⑪**外墙**　外墙（高约50米）共四层，最上层带有窗户，其余三层均有80个拱门。外墙共有普通入口76个，专门入口（如皇帝出入的入门）4个。

⑫**政务官**　竞技场北侧皇家看台对面是执政官和其他政务官的坐席，这些特权阶层通过专门入口进入斗兽场。

⑬**兽笼**　竞技场地底下放置着许多拱形笼子关押野兽。表演开始时，它们通过坡道和升降机被运送到场地。

⑭**深厚的地基**　斗兽场的地基是将混凝土直接灌入原来的人工湖而建成，地基深12米，旁侧有保护地基的砖墙。

武力获得的。在帝国中心举行的角斗士比赛激活了罗马城的好战传统，表演战斗场面是皇帝实现政治目的的手段。圆形竞技场和马戏团中有许多危险的异国野生动物（如大象、熊、鸵鸟、豹子、老虎、狮子、河马、鳄鱼、犀牛），这些从非洲和东方等遥远的土地上猎取的动物更能体现出罗马统治世界的力量。

罗马社会内部固有的不平等在表演比赛中清晰地体现出来，各阶层在圆形竞技场、剧院和马戏团的待遇与他们的社会地位息息相关。皇帝和皇室人员在荣誉看台上主持活动；元老们坐在前排，占据观看比赛的最佳位置，并在同胞面前炫耀自己的权力；后排的位置是留给骑士的。

其他人的座次也有严格的规定。已婚公民比未婚公民的位置更好；士兵和平民则分开坐；自由人必须身穿代表身份的服饰（特别是托加长袍）才能入席；除了贞女可以坐在第一排，一般妇女和穷人一样，他们不穿长袍，位次最差，被安排在竞技场看台的最高处。

弗拉维圆形剧场

公元 80 年，世界上最大的角斗士竞技场——弗拉维圆形剧场竣工，提图斯下令举行长达 100 天的庆祝典礼。弗拉维圆形剧场附近矗立着巨大的尼禄雕像，因此这个圆形剧场也被称为“斗兽场”。罗马斗兽场很快成为帝国首都最重要的地方，直至今天仍然是罗马的标志性建筑之一，每年接待超过 300 万名游客。

罗马斗兽场名副其实。这座巨大的建筑令人印象深刻，不仅因其规模宏大，而且还有布置精巧的楼梯、坡道和出口，观众入场和离场都可以在几分钟之内完成。台阶被分成五部分，除了上部是木质的，其余部分均使用大理石铺设。外立面围墙共分成四层：前三层每层有 80 个拱门，均有半圆柱式装饰，自下而上依次为多立克式、爱奥尼亚式和科林斯式三种古典柱式；第二层和第三层装饰有许多雕像；第四层没有拱门代之以窗户，用悬索吊挂的帆布可以为观众遮阳。

斗兽场的中央是宽阔的竞技场地，地面由木头铺就，上满铺满沙子。竞技表演区地底下隐藏着一座真正的地下迷宫——在图密善时期建成，用于储存道具以及关押野兽和角斗士；坡道、踏板和升降设备构成了一套复杂的系统，表演开始时将野兽和角斗士用升降机运送到地面上，从而制造令人惊讶的演出效果。

这座壮观的竞技场始建于韦帕芗时期，但其执政期间没有完工。罗马人在犹太战争中掠夺了大量战利品，为建设工程提供了部分资金。同时，为了修建竞技场，还将尤利乌斯·克劳狄乌斯王朝末位皇帝尼禄用于享乐的黄金宫殿拆除了很大一部分，而斗兽场所在的位置原本是黄金宫殿的人工湖。

竞技场的一天

观看表演的观众需持一块牌子（相当于门票）才能进入斗兽场，牌子上指示了入口位置和座位。入场后就可以观看表演了，表演的内容每天雷同。

上午是狩猎表演。身披装饰的野兽进场展示后，表演开始。表演形式并不相同：有时会在竞技场地上举行真正的狩猎，斗兽士骑马或手持投枪将野兽杀死；有时候也安排角斗士和野兽对峙；还有可能是野兽间的厮杀，如狮子和老虎，或者公牛和熊。虽然古代文献可能夸大了数字，但是狩猎表演中被杀死的野兽数量惊人：奥古斯都举办了 26 次狩猎表演，共杀死了 3500 只野兽；庞培五天内杀死了 500 只狮子；恺撒更甚，曾在一天之内杀死了 400 只狮子。在帝国时期，被杀死的野兽每日俱增，如提图斯在斗兽场落成典礼庆祝活动期间共杀死了 5000 只野兽。

中午时分用来处决死刑犯和战犯，通常使用兽刑。兽刑不是人兽相斗，而是将手无寸铁的犯人绑起来扔进竞技场内——野兽毫发无损，犯人则没有生还的可能。今天看来，这些行为极其残忍，但是罗马人却十分热衷，甚至这些血腥的“中场表演”有时候还是一天中最令人期待的。为此，他们甚至会买下死刑犯投喂野兽，并导致无辜者被判死刑。公元 52 年，克劳狄举办了一场大型的海战表演，共处死 19 000 名犯人。出于对海战的喜爱，奥古斯都和图拉真等皇帝还在竞技场之外建造了专门的海战表演场地，这些表演被称为“海战剧”。

最后的压轴节目是角斗士表演，一般是两名角斗士，也有多人搏杀的情形。特别是在尤利乌斯·恺撒（Jules César）统治时期，他为了纪念公元 46 年死去的女儿，举办了一场由步兵部队对阵骑兵和大象的表演。

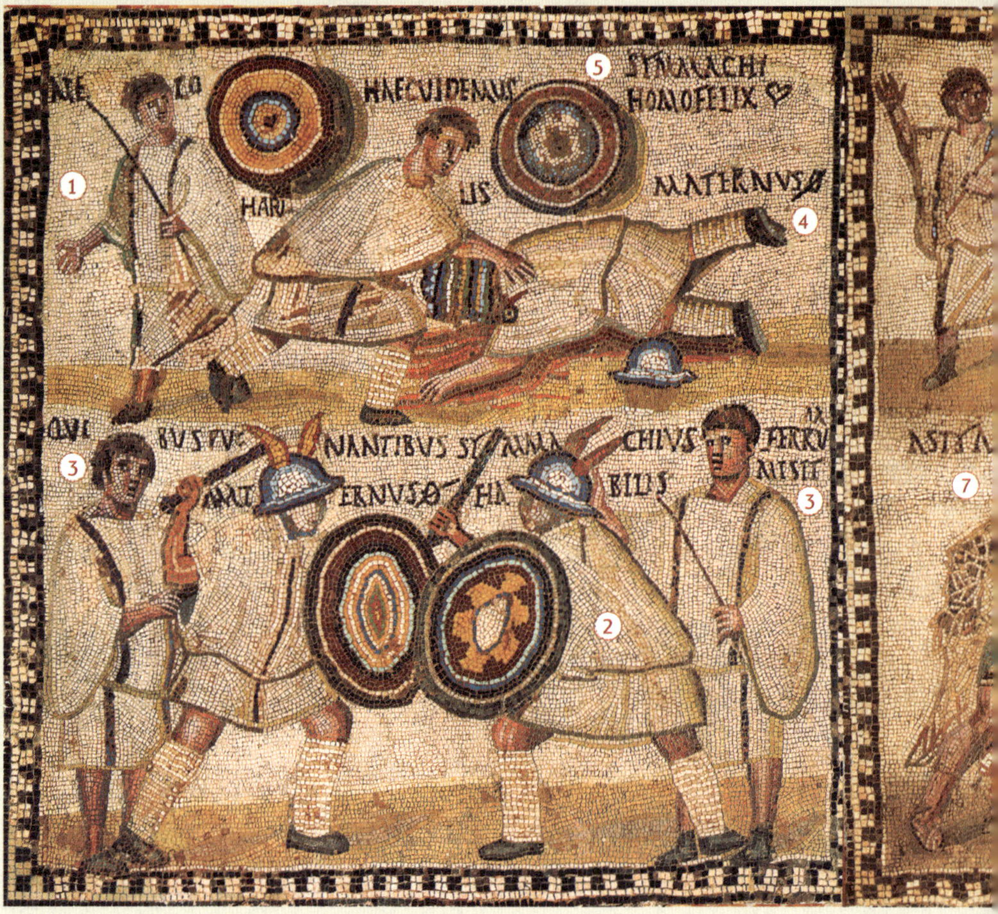

血腥的竞技场

“角斗士”的本义为“持剑相斗的战士”，但竞技场上所有参加角斗的人，无论持剑与否都被称为角斗士。角斗士有二十几种特定的类别。角斗表演是几对武器装备不同的角斗士相对抗，如网斗士和追击士。网斗士移动速度快，几乎没有任何保护装备，使用三叉戟远距离刺伤对手；追击士持厚重盾牌，但只有一把短剑，必须接近对手才有可能将其杀死。同样，重装角斗士、莫米罗角斗士和色雷斯角斗士一对一搏杀，他们有不同的保护装备和重型武器。角斗士主要由战俘和囚犯构成，但最优秀的角斗士是经过专业训练的奴隶。另外，活跃在竞技场上的不仅仅是男角斗士，还有女角斗士。

插图 公元3世纪的马赛克镶嵌画，现藏马德里国家考古博物馆。

①**角斗**　该场景描绘了两名角斗士——哈比里斯（Habilis）和马特尔努斯（Maternus）——之间的搏杀。马赛克镶嵌画自下而上两组场景构成了搏杀的过程。

②**角斗士**　两位对手的装备相似，他们都身穿短衣，腿缠护带，手持短剑和圆形小盾牌，戴有头盔。

③**裁判**　两位角斗士身旁各站一名身穿长衣的人，他们很可能是教练或者裁判，负责确保角斗的顺利进行。

④**比赛结果**　在镶嵌画上部，获胜的角斗士哈比里斯倾身望向失败者马特尔努斯。马特尔努斯的名字后标有被画掉的字母“O”，意为“此人已死”。

⑤**赞助人**　镶嵌画上有“希马其乌斯，幸福的人”的字样，但希马其乌斯（Symmachius）本人并不在场，他很可能是比赛的组织者。

⑦**追击士**　被对手用网套住的追击士奥斯汀阿克斯头戴皮盔，右臂戴护臂，腰缠短布，左腿绑有护带，手持剑和大盾牌。

⑥**角斗**　马赛克镶嵌画自下而上的两个场景，描绘了追击士奥斯汀阿克斯（Astyanax）和网斗士卡朗狄奥（Kalendio）之间的搏杀。

⑧**网斗士**　网斗士卡朗狄奥用网套住对手，手中的三叉戟可以置其于死地。卡朗狄奥身穿短衣，戴有金属护肩，以保护肩膀和脖颈免受剑刺。

角斗士

关于角斗士对抗的起源，历史学家有不同的说法。有些学者认为，角斗源于伊特鲁里亚文化。罗马继承了许多伊特鲁里亚文化习俗，其中包括角斗。这个说法的依据是塔尔奎尼亚城伊特鲁里亚墓中发现的壁画，而尼科拉乌斯・达马斯库斯（Nicolas de Damas）等古代学者也持有同样的观点。另一些学者则认为，此类庆祝活动起源于意大利南部，证据也是在墓中找到的涂鸦。第一次有关角斗的罗马史料记载可以追溯到公元前 264 年，马尔库斯・尤尼乌斯・佩拉（Marcus Iunius Pera）和狄西穆斯・尤尼乌斯・佩拉（Decimus Iunius Pera）为了纪念去世的父亲，命令三对角斗士（战俘）进行搏斗。公元前 216 年，马尔库斯・埃米利乌斯・雷庇都斯（Marcus Aemilius Lepidus，雷庇达 [Lépide]）同样为了纪念死去的父亲，在罗马广场举办了 22 场角斗比赛，持续了整整三天时间。

随着罗马征服地中海，国家日渐繁盛，角斗士人数逐渐增加，比赛也越来越多。但是，比赛活动仍然是为了纪念死去的杰出人物而举行，是葬礼的一部分。

罗马共和国在贵族阶层的政治斗争中落下帷幕后进入帝国时代，角斗士比赛盛行起来，如尤利乌斯・恺撒为纪念其父亲组织了 320 场角斗比赛。其后，角斗表演也在行省流行开来。到了帝国时代，角斗士比赛成为最重要的表演活动，地中海地区至少建造了 200 座圆形剧场。

角斗士比赛的组织十分严格，目的是使每位角斗士都竭尽全力地血腥搏杀，所以角斗士配备的武器并不相同。

角斗士分为不同的种类。萨莫奈角斗士，或称重装角斗士，头盔上有顶饰和脸甲，左腿戴长护胫，武器是长矛和匕首，一般持小圆盾防御。高卢角斗士，也称莫米罗角斗士，有椭圆形盾牌保护，手持短剑，戴的头盔上有鱼形的巨大顶饰——这种角斗士很可能得名于头盔上的鱼形图案，因为“莫米罗”在希腊语中是“鱼”的意思——他们左腿戴短护胫，持剑的手臂戴金属护臂。色雷斯角斗士，手中的武器是匕首，手持矩形盾牌，头盔上有长的脸甲，双腿戴长护胫。追击士，手持弯曲的矩形盾牌和罗马军团兵短剑，持剑手臂戴有护臂，而他们的头盔设计得更加圆滑，以避免被对手——网斗士——抛出的网套住。网斗士，通过撒网缠住对手，武器是网和三叉戟，而这类角斗士没有头盔和护胫——他们几乎赤身裸体地参加格斗，以便快速移动——通常在左臂戴小护甲，这样在搏斗中可以部分保护头部。

其他表演

罗马还举办各种各样的其他表演活动，最主要的有战车或赛马比赛、戏剧表演、源自希腊的体育竞赛、角斗士比赛、狩猎表演和公开处决犯人。除了在圆形剧场举办的血腥的搏斗和骇人的处决，其他表演活动与我们今天的娱乐活动非常相近。

为了举办这些活动，罗马修建了雄伟豪华的圆形剧场，而今天它们已经成为最著名、最受欢迎的古代遗址。罗马斗兽场作为规模最大的圆形剧场，是集大成之作。此外，还有其他保存完好的圆形剧场，如位于意大利的庞贝和维罗纳，突尼斯的埃尔·杰姆，法国的尼姆和阿尔勒，土耳其的帕加马和西班牙的意大利卡。古代罗马建造的这些杀戮野兽和犯人的建筑，就像中世纪建造的基督教堂一样，成了城市最重要的建筑。

古希腊剧院是半圆形的，舞台宽敞，装饰华丽。罗马人没有弃置这些剧院，但是却改作演出哑剧、滑稽剧以及古典喜剧和悲剧。剧院还有政治用途，在各行省城市里常常用来宣读皇帝的信谕或发表演说。

在东方的希腊，剧院被改造成竞技场，用于举办角斗士比赛和狩猎表演，或者其他的小型活动。为此，剧院的阶梯竖起了大石板，将观众和角斗士分开。

希腊体育场主要用来举行田径比赛——很晚才被罗马人接受，呈椭圆形，长度可达 200 米。虽然在帝国的西部少有这样的体育场，但在罗马东方却很常见，不仅用于体育竞赛，也举办角斗士比赛和狩猎表演。其中，图密善建造的纳沃纳体育场至今仍然保存完好。

战车车手

罗马共和国时期有红衣和白衣两个赛车阵营，到了公元1世纪初增加了绿衣和蓝衣阵营。阵营的所有者负责组织比赛，提供马匹和车手。每个阵营都拥有战车，此外还有医师、兽医、驯马师、车手和专业制车工。车手一般都是年轻人，支持者将他们视为英雄，而且车手与其驾御的马匹都受到狂热追捧。不同阵营的支持者常常大打出手，有时候甚至酿成有组织的暴力事件。浮雕上部描绘了在罗马马克西穆斯马戏团举行的战车比赛，可以看出马戏团的主要特点和比赛的进行过程。浮雕底座，主持人在主持比赛；左侧栅栏内停驻着战车，赛道上是比赛的战车，车手的助手负责打湿沙子。

右图 马赛克镶嵌画描绘了四个阵营的参赛车手，现藏罗马国家博物馆。

白衣车手

代表风神和冬天之神。

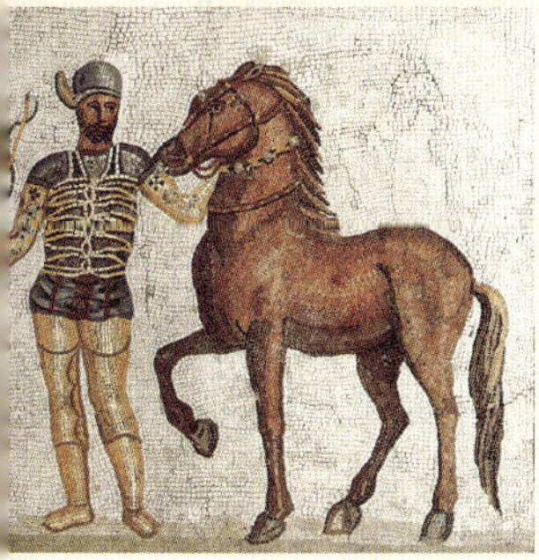

衣车手

代表天神、海神或秋天之神，他是公元 2 世纪战车比赛的常胜者。

红衣车手

代表战神和春天之神。

绿衣车手

代表地母，他们是公元 2 世纪罗马人最喜爱的车手。

马克西穆斯马戏团　场地赛道可容纳 12 台战车并驾齐驱，今仅存几处看台。

马戏团

除了角斗士比赛之外，罗马还流行赛马和战车比赛，一般在马戏团举行。为此，罗马人建造了巨型马戏团，该建筑用途多样，还可以举办狩猎表演和体育竞赛等公共活动。

马戏团至少有 400 米长，中央竖起一道装饰华美的墙，将场地一分为二。罗马马克西穆斯马戏团位于阿文提诺山和帕拉蒂尼山之间的平地上，是帝国规模最大的表演场地——长 540 米，可容纳 25 万名观众。其他保存完好的马戏团，可以在利比亚的大莱波蒂斯、黎巴嫩的提尔和西班牙的塔拉戈纳等地见到。

罗马人热衷观看战车比赛。与现在的足球迷一样，罗马人也无条件地支持红、白、蓝、绿四个战车队，赌注的金额巨大。随着观众人数的不断增加，皇帝很快意识到马戏团是与人民交流的绝佳场所，他们需要在那里露面。因此，帕拉蒂尼宫有一条直接通往马戏团的通道，以供皇帝观看比赛和受民众欢迎的各种表演。

与所有在罗马举办的表演活动一样，马戏团的娱乐活动之所以广泛受到欢迎，其中强烈的宗教意象是关键因素。骑马比赛与宗教习俗密切相关，不仅在马戏团举办，而且在很多罗马宗教节日庆典上都举行赛马活动，如坎苏埃拉节、伊奎里亚节（或称十月赛马节）等。宗教因素在马戏团表演中得到保留，这一点在表演开幕的众神巡游仪式以及在马戏团主席台上矗立的神像都可以证明。

附 录

插图（第212页） 女巫会面的喜剧表演场景。公元前2世纪罗马马赛克镶嵌画，萨摩斯的迪奥斯库里德斯（Dioscoride de Samos）所作。此画作发现于罗马庞贝古城西塞罗别墅，现藏于那不勒斯国家博物馆。

弗拉维王朝和安敦尼王朝时期的罗马

罗马帝国
盟国或受保护国
附属领地
图拉真时期占领
弗拉维和安敦尼王朝时期占领
哥特人 “野蛮”民族
萨尔马提亚人
赫鲁利人
斯基泰人
阿兰人
里海
博斯普鲁斯王国
达契亚
博科索兰人
托米斯（今康斯坦察）
多瑙河
黑海
低地默西亚
色雷斯
特拉佩祖斯（今特拉布宗）
亚美尼亚
拜占庭（今伊斯坦布尔）
比提尼亚与本都
卡帕多西亚
佩林苏斯
尼科米底亚（今伊兹密特）
安基拉（今安卡拉）
凯撒利亚·卡帕多西亚（今开塞利）
白加孟（今帕加马）
亚细亚
加拉太
美索不达米亚
帕提亚王国
亚述
塔尔苏斯（今塔尔苏斯）
以弗所（今以弗所）
阿塔雷亚（今安塔利亚）
奇里乞亚
雅典
吕基亚
潘菲利亚
安提约基亚（今安条克）
叙利亚
幼发拉底河
底格里斯河
大马士革
提鲁斯（今提尔）
滨海凯撒利亚
犹太
爱利亚·加比多连（今耶路撒冷）
克里特与昔兰尼加
亚历山大里亚（今亚历山大）
孟菲斯
尼罗河
阿拉伯
阿拉伯人

对照年表

罗马

公元 69 年—公元 81 年

- 内战结束，韦帕芗登基
- 《韦帕芗皇帝法》规定了皇帝的权力
- 西班牙各行省被赋予拉丁公民权
- 维苏威火山爆发，庞贝城等多座城市被夷为平地

文化事件：

- 修建罗马斗兽场（弗拉维圆形剧场）
- 老普林尼在维苏威火山爆发中丧生

公元 81 年—公元 96 年

- 图密善登基
- 元老院和皇帝之间的关系恶化
- 图密善实行恐怖统治
- 图密娅·隆吉娜密谋
- 图密善被谋杀，涅尔瓦登基

文化事件：

- 马尔提阿发表《箴言诗》
- 在帕拉蒂尼山修建弗拉维宫
- 弗拉维乌斯·约瑟夫发表《犹太古史》

公元 98 年—公元 117 年

- “最优秀的第一公民”、第一位出身外省的皇帝图拉真继位，开始了漫长的统治
- 图拉真在位期间，帝国版图达到最大
- 贫儿救助机构成立
- 扩大非洲殖民地，保证首都罗马的粮食供应

文化事件：

- 塔西佗发表《阿古利可拉传》、《日耳曼尼亚志》和《罗马史》
- 小普林尼发表《图拉真颂词》
- 修建图拉真广场
- 新建奥斯提亚港

东方王国和帝国

公元 69 年—公元 81 年

犹太：

- 占领耶路撒冷，攻占马萨达要塞，镇压犹太人反对罗马的起义

亚美尼亚：

- 小亚美尼亚和科马基尼王国成为罗马属国

帕提亚：

- 阿兰人部落入侵帕提亚王国

文化事件：

- 摧毁耶路撒冷神殿

公元 98 年—公元 117 年

阿拉伯：

- 纳巴泰王国覆灭，成为罗马在阿拉伯的行省

亚美尼亚：

- 亚美尼亚成为罗马帝国属国

帕提亚：

- 帕提亚与罗马交战
- 罗马占领亚述和美索不达米亚

文化事件：

- 中国东汉时期发明造纸术

西方边境国家和地区

公元 69 年—公元 81 年

不列颠：

- 志留人、布里甘特人和喀里多尼亚人暴动

日耳曼与高卢：

- 巴达维人起义，建立高卢帝国

多瑙河边境：

- 萨尔马提亚人和达契亚人入侵，被穆奇阿努斯击退

公元 81 年—公元 96 年

不列颠：

- 阿古利可拉征战不列颠
- 喀里多尼亚人在格劳庇乌山战役中被打败

日耳曼：

- 夏登人被打败
- 阿格里戴克美特纳入罗马领土，边境防御得到巩固
- 高地日耳曼军团长安东尼·萨图尔尼努斯叛乱

多瑙河边境：

- 国王德西巴尔带领达契亚人与罗马交战

公元 98 年—公元 117 年

不列颠：

- 罗马放弃苏格兰领地

日耳曼：

- 建立科洛尼亚·乌尔皮亚·特拉亚纳殖民地（今克桑滕）

多瑙河边境：

- 赢得第一次达契亚战争
- 赢得第二次达契亚战争，建立达契亚行省

文化事件：

- 提姆加德建立

公元 117 年—公元 138 年

- 哈德良登基
- 密谋反对哈德良的元老被刺杀
- 皇帝与元老院关系恶化
- 放弃远征
- 任命四名执政官管理意大利

文化事件：

- 重建阿格里帕万神殿
- 在蒂沃利修建哈德良别墅

公元 138 年—公元 180 年

- 安敦尼·庇护登基
- 马可·奥勒留登基，在位期间战争频繁
- 皇帝与元老院关系良好
- 路奇乌斯·维鲁斯与帕提亚人作战
- 鼠疫蔓延整个帝国
- 亚维狄乌斯·卡西乌斯在东方叛乱

文化事件：

- 在罗马广场修建安敦尼·庇护和福斯蒂娜神庙

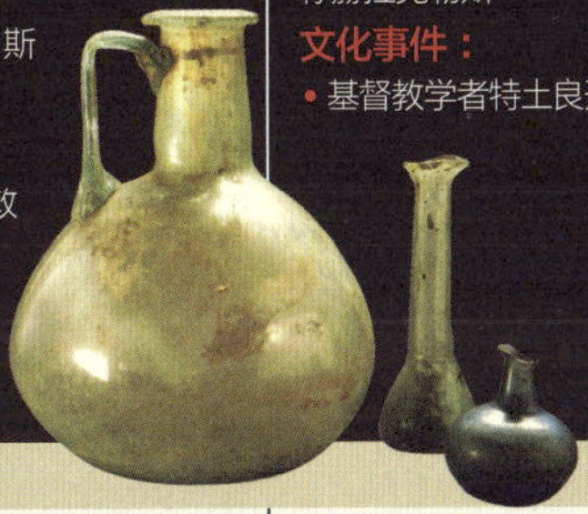

公元 180 年—公元 192 年

- 康茂德登基，他是唯一一位通过血缘继承皇位的皇帝
- 鼠疫持续肆虐，帝国居民大量死亡
- 康茂德确立君主专制，自封为神，自称赫拉克勒斯

文化事件：

- 基督教学者特土良开始著书

公元 117 年—公元 138 年

犹太：

- 在耶路撒冷旧址建立爱利亚·加比多连殖民地
- 巴尔·科赫巴起义

帕提亚：

- 图拉真放弃征战亚美尼亚以外的地区

印度：

- 贵霜帝国在迦腻色迦一世期间达到鼎盛
- 哈德良在位期间，印度使节来访

公元 138 年—公元 180 年

帕提亚：

- 安敦尼·庇护统治期间，维持和平
- 沃洛吉斯三世入侵罗马近东领土

印度：

- 贵霜帝国在皇帝瓦西什卡和胡维什卡的统治下国力强盛

中国：

- 东汉王朝在刘志（汉桓帝）和刘宏（汉灵帝）统治期间国运昌盛

公元 117 年—公元 138 年

不列颠：

- 修建哈德良长城

日耳曼：

- 按照不列颠长城的方式加固日耳曼城墙

非洲：

- 哈德良巡游拉百瑟斯，发表有关军事纪律的演讲

公元 138 年—公元 180 年

不列颠：

- 修建安敦尼长城

日耳曼：

- 贫儿救助机构成立

多瑙河边境：

- 安敦尼·庇护在位期间时常有战争发生
- 马科曼尼人入侵罗马

非洲：

- 镇压摩尔人起义

公元 180 年—公元 192 年

不列颠：

- “蛮族”部落跨越哈德良长城进攻不列颠
- 未来的罗马皇帝佩蒂纳克斯镇压军团起义

日耳曼：

- 与“蛮族”部落作战
- 加固防御城墙

多瑙河边境：

- 在边境以外进行短暂的战争
- 与“蛮族”部落签订和约，罗马分遣队撤出

弗拉维王朝系谱图

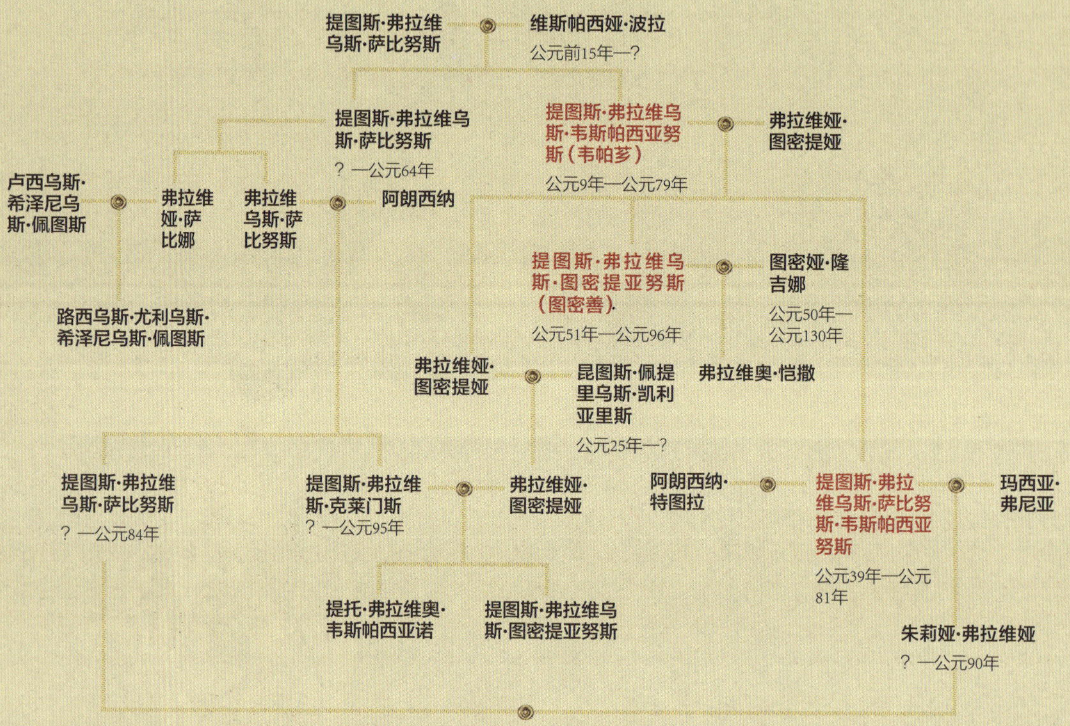

弗拉维王朝皇帝

韦帕芗
公元69年7月1日—公元79年6月23日

提图斯
公元79年6月24日—公元81年9月13日

图密善
公元81年9月14日—公元96年9月18日

安敦尼王朝皇帝

涅尔瓦
公元96年9月18日—公元98年1月27日

图拉真
公元98年1月28日—公元117年8月7日

哈德良
公元117年8月11日—公元138年7月10日

安敦尼·庇护
公元138年7月10日—公元161年3月7日

马可·奥勒留
公元161年3月7日—公元180年3月17日（公元161年—公元169年与路奇乌斯·维鲁斯共治；公元177年—公元180年，与其子康茂德共治）

康茂德
公元180年3月17日—公元192年12月31日

被征服的民族　大部分达契亚人沦为奴隶，被送至帝国各处。

安敦尼王朝系谱图

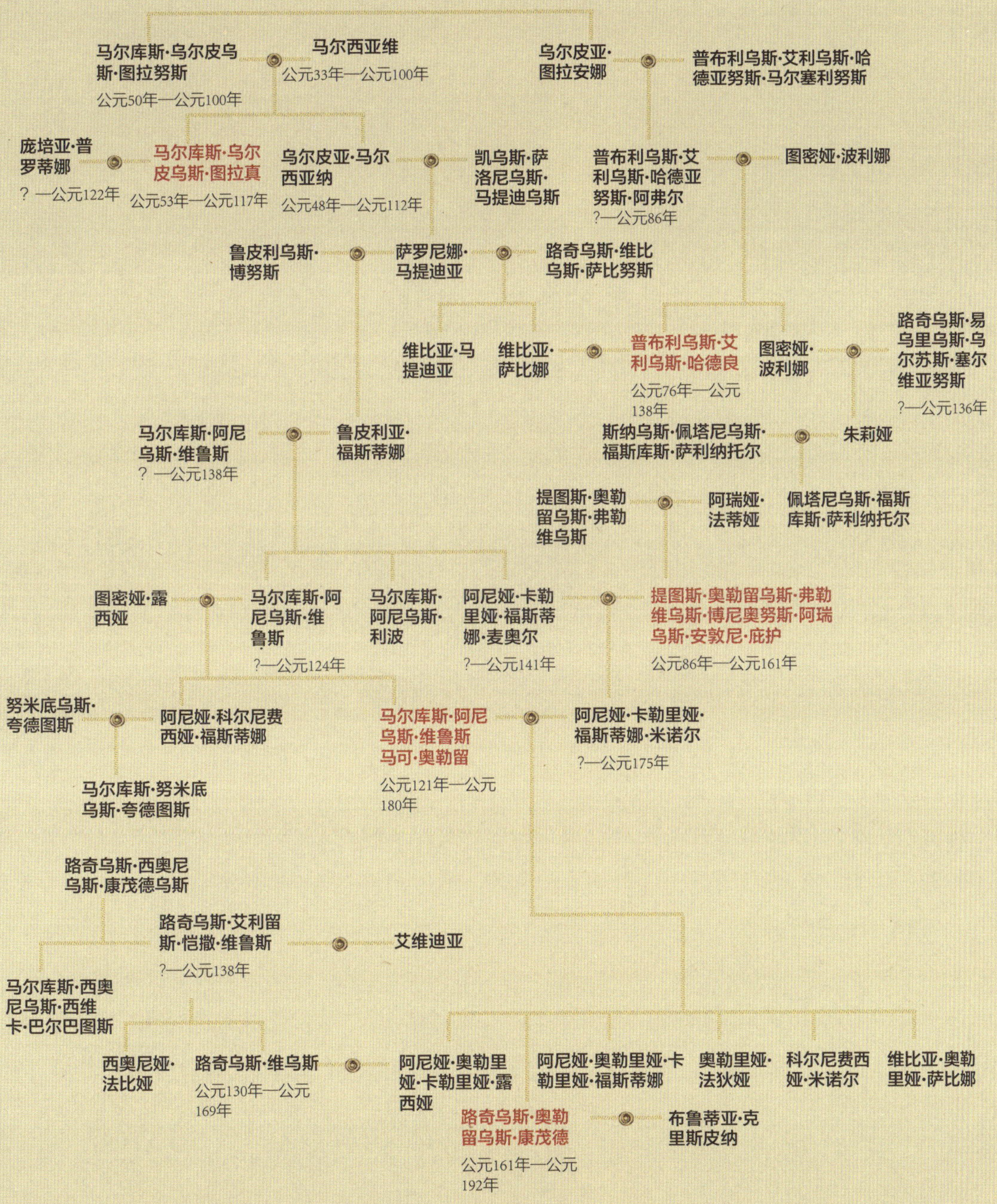
马尔库斯·乌尔皮乌斯·图拉努斯
公元50年—公元100年
马尔西亚维
公元33年—公元100年
乌尔皮亚·图拉安娜
普布利乌斯·艾利乌斯·哈德亚努斯·马尔塞利努斯
庞培亚·普罗蒂娜
？一公元122年
马尔库斯·乌尔皮乌斯·图拉真
公元53年—公元117年
乌尔皮亚·马尔西亚纳
公元48年—公元112年
凯乌斯·萨洛尼乌斯·马提迪乌斯
普布利乌斯·艾利乌斯·哈德亚努斯·阿弗尔
?—公元86年
图密娅·波利娜
鲁皮利乌斯·博努斯
萨罗尼娜·马提迪亚
路奇乌斯·维比乌斯·萨比努斯
维比亚·马提迪亚
维比亚·萨比娜
普布利乌斯·艾利乌斯·哈德良
公元76年—公元138年
图密娅·波利娜
路奇乌斯·易乌里乌斯·乌尔苏斯·塞尔维亚努斯
?—公元136年
马尔库斯·阿尼乌斯·维鲁斯
？一公元138年
鲁皮利亚·福斯蒂娜
斯纳乌斯·佩塔尼乌斯·福斯库斯·萨利纳托尔
朱莉娅
提图斯·奥勒留乌斯·弗勒维乌斯
阿瑞娅·法蒂娅
佩塔尼乌斯·福斯库斯·萨利纳托尔
图密娅·露西娅
马尔库斯·阿尼乌斯·维鲁斯
?—公元124年
马尔库斯·阿尼乌斯·利波
阿尼娅·卡勒里娅·福斯蒂娜·麦奥尔
?—公元141年
提图斯·奥勒留乌斯·弗勒维乌斯·博尼奥努斯·阿瑞乌斯·安敦尼·庇护
公元86年—公元161年
努米底乌斯·夸德图斯
阿尼娅·科尔尼费西娅·福斯蒂娜
马尔库斯·阿尼乌斯·维鲁斯马可·奥勒留
公元121年—公元180年
阿尼娅·卡勒里娅·福斯蒂娜·米诺尔
?—公元175年
马尔库斯·努米底乌斯·夸德图斯
路奇乌斯·西奥尼乌斯·康茂德乌斯
路奇乌斯·艾利留斯·恺撒·维鲁斯
?—公元138年
艾维迪亚
马尔库斯·西奥尼乌斯·西维卡·巴尔巴图斯
西奥尼娅·法比娅
路奇乌斯·维乌斯
公元130年—公元169年
阿尼娅·奥勒里娅·卡勒里娅·露西娅
阿尼娅·奥勒里娅·卡勒里娅·福斯蒂娜
奥勒里娅·法狄娅
科尔尼费西娅·米诺尔
维比亚·奥勒里娅·萨比娜
路奇乌斯·奥勒留乌斯·康茂德
公元161年—公元192年
布鲁蒂亚·克里斯皮纳

NATIONAL GEOGRAPHIC

图书在版编目（CIP）数据

罗马帝国：黄金时代 / 美国国家地理学会编著；郭彦娜译. -- 北京：现代出版社，2021.4

（美国国家地理全球史）

ISBN 978-7-5143-8933-3

Ⅰ.①罗… Ⅱ.①美… ②郭… Ⅲ.①罗马帝国－历史 Ⅳ.①K126

中国版本图书馆CIP数据核字（2020）第260994号

版权登记号：01-2021-1111

由北京久久梦城文化发展有限公司代理引进

罗马帝国：黄金时代（美国国家地理全球史）

编 著 者：美国国家地理学会
译　　者：郭彦娜
策划编辑：吴良柱
责任编辑：张　霆　谢　惠
内文排版：北京锦创佳业文化传播有限公司
出版发行：现代出版社
通信地址：北京市安定门外安华里504 号
邮政编码：100011
电　　话：010-64267325　64245264（兼传真）
网　　址：www.1980xd.com
电子邮箱：xiandai@vip.sina.com
印　　刷：北京瑞禾彩色印刷有限公司

开　　本：710mm*1000mm 1/16
印　　张：14　　　　字　　数：205千
版　　次：2021年4月第1版　　印　　次：2021年4月第1次印刷
书　　号：ISBN 978-7-5143-8933-3
定　　价：76.00元